OS BASTIDORES
DE UM LÍDER

Julie Zhuo

OS BASTIDORES DE UM LÍDER
O Que Fazer Quando Você É o Foco de Todos os Olhares

Tradução
Gilson César Cardoso de Sousa

Editora
Cultrix
SÃO PAULO

Título do original: *The Making of a Manager.*

Copyright © 2019 Julie Zhuo.
Publicado mediante acordo com Portfolio, um selo da Penguin Publishing Group, uma divisão da Penguin Random House LLC.

Copyright da edição brasileira © 2022 Editora Pensamento-Cultrix Ltda.

1ª edição 2022.

Todos os direitos reservados. Nenhuma parte desta obra pode ser reproduzida ou usada de qualquer forma ou por qualquer meio, eletrônico ou mecânico, inclusive fotocópias, gravações ou sistema de armazenamento em banco de dados, sem permissão por escrito, exceto nos casos de trechos curtos citados em resenhas críticas ou artigos de revistas.

A Editora Cultrix não se responsabiliza por eventuais mudanças ocorridas nos endereços convencionais ou eletrônicos citados neste livro.

Ilustrações de Pablo Stanley.

Editor: Adilson Silva Ramachandra
Gerente editorial: Roseli de S. Ferraz
Preparação de originais: Alessandra Miranda de Sá
Gerente de produção editorial: Indiara Faria Kayo
Editoração eletrônica: S2 Books
Revisão: Erika Alonso

Dados Internacionais de Catalogação na Publicação (CIP)
(Câmara Brasileira do Livro, SP, Brasil)

Zhuo, Julie
    Os bastidores de um líder : o que fazer quando você é o foco de todos os olhares / Julie Zhuo ; tradução Gilson César Cardoso de Souza. -- 1. ed. -- São Paulo : Editora Cultrix, 2022.

Título original: The making of a manager
ISBN 978-65-5736-132-0

1. Administração 2. Grupos de trabalho - Administração 3. Habilidade executiva 4. Liderança 5. Mulheres executivas - Estados Unidos 6. Zhuo, Julie I. Título.

21-86795   CDD-658.4092

Índices para catálogo sistemático:
1. Liderança : Administração de empresas 658.4092
Cibele Maria Dias - Bibliotecária - CRB-8/9427

Direitos de tradução para o Brasil adquiridos com exclusividade
pela EDITORA PENSAMENTO-CULTRIX LTDA., que se reserva a
propriedade literária desta tradução.
Rua Dr. Mário Vicente, 368 — 04270-000 — São Paulo, SP
Fone: (11) 2066-9000
http://www.editoracultrix.com.br
E-mail: atendimento@editoracultrix.com.br
Foi feito o depósito legal.

Para Mike, com quem gerencio esta bela vida.

Sumário

Introdução
As Características de um Grande Gerente são Forjadas, e não Inatas   8

Capítulo Um
O Que é Gestão?   22

Capítulo Dois
O Primeiro Trimestre   52

Capítulo Três
Gestão de Uma Pequena Equipe   74

Capítulo Quatro
A Arte do *Feedback*   108

Capítulo Cinco
Gerencie-se   140

Capítulo Seis
Reuniões Incríveis 186

Capítulo Sete
Boas Contratações 214

Capítulo Oito
Fazendo as Coisas Acontecerem 248

Capítulo Nove
Como Liderar Uma Equipe em Crescimento 282

Capítulo Dez
Como Criar Certa Cultura no Ambiente de Trabalho 310

Epílogo
Você Completou 1% da Jornada 330

Agradecimentos 335

Notas 341

Introdução

As Características de um Grande Gerente são Forjadas, e não Inatas

O MITO

A REALIDADE

Lembro-me muito bem da reunião em que minha gerente sugeriu que eu me tornasse gerente.

Foi um acontecimento inesperado, como sair de casa para o trabalho e dar de cara com um baú do tesouro. "Hum", pensei, "isso me parece interessante!"

Estávamos sentadas em uma sala de reuniões para dez pessoas, uma na frente da outra. "Nossa equipe está aumentando", disse ela. "Precisamos de outro gerente e você se dá bem com todo mundo. O que você acha?"

Eu tinha 35 anos e trabalhava em uma *startup*. Tudo o que sabia de gestão podia ser resumido facilmente em duas palavras: *reuniões* e *PROMOÇÃO*. Bem, aquilo era uma promoção, não era? Vocês já devem ter percebido que essa conversa lembra Harry Potter recebendo uma visita de Hagrid em uma noite escura e tempestuosa, o primeiro passo de uma trajetória repleta de aventuras e conquistas. Um convite como esse não pode ser recusado.

Eu disse "sim".

Só depois, já fora da sala, refleti sobre os detalhes do que ela havia dito. "Eu me dou bem com todo mundo." Sem dúvida, a gestão era algo além disso. Mas o quê? Logo eu iria descobrir.

―――

Lembro-me de meu primeiro contato com um subordinado direto. Cheguei cinco minutos atrasada, às pressas e constrangida por causa do atraso. "Péssimo começo", pensei. Podia vê-lo pela porta de vidro da sala de reuniões – a mesma em que havia conversado com minha gerente –, os olhos fixados no celular. Apenas um dia antes, éramos *designers* na mesma equipe, sentados em mesas adjacentes, trabalhando nos respectivos projetos enquanto trocávamos ideias com os colegas. Depois, viera o convite; e, agora, eu era a gerente dele.

"Não estou nervosa", disse para mim mesma. "Vai ser uma boa conversa." Sobre o que, eu não sabia muito bem. Só queria que o encontro fosse normal, como o da véspera e o da antevéspera. Se ele não *gostasse* do fato de eu ser sua gerente, que pelo menos o encarasse com naturalidade.

"Não estou nervosa."

Entrei. Ele ergueu os olhos do celular e nunca esquecerei a expressão em seu rosto. Exprimia todo o aborrecimento de um adolescente obrigado a comparecer à festa de aniversário, com temática de Pokémon, do primo de 10 anos.

"Olá", cumprimentei, tentando dar à voz o tom mais natural possível. "E então, no que você está trabalhando agora?"

Ele se retraiu ainda mais, como um urso se preparando para hibernar. Eu sentia o suor brotar em meu rosto, o sangue latejando em meus ouvidos.

Eu não era uma *designer* melhor do que ele. Não era mais habilidosa nem mais experiente. Seu olhar já dizia tudo: podia renunciar a qualquer esperança de que ele fosse encarar "com naturalidade" o fato de eu ser sua gerente. A mensagem era mais clara do que se tivesse sido escrita em letras garrafais: *Você não sabe o que está fazendo.*

Na hora, senti que ele tinha toda razão.

———

De certa forma, o caminho que me conduziu à gestão da equipe de *design* do Facebook foi absolutamente improvável. Cresci nas ruas apinhadas de Xangai e depois nos subúrbios úmidos de Houston, uma imigrante sem noção alguma do que fossem *Guerra nas Estrelas*, Michael Jackson e *E.T.* Um pouco mais velha, ouvi falar sobre o *Vale do Silício*, mas interpretei a expressão literalmente. Imaginei um lugar, entre duas cadeias de montanhas, com uma sucessão de fábricas que imprimissem *chips* de silício como barras de chocolate Hershey. Se me perguntassem o que um *designer* fazia, eu teria respondido: "Roupas caras".

Mas de duas coisas eu sabia desde cedo: que amava *design* e construção. Há uma foto minha aos 8 anos, na manhã de Natal, com um largo sorriso no rosto enquanto segurava o presente que tinha pedido durante o ano inteiro: um conjunto novo de LEGOS de piratas – com um macaco e um tubarão!

No ensino fundamental, minha melhor amiga, Marie, e eu trocávamos mensagens com rabiscos complicados nos intervalos das aulas. No ensino médio, descobrimos a magia do HTML, que nos permitiu combinar nossa paixão por desenho e construção em um passatempo perfeito: montar *websites* para apresentar nossas ilustrações. Não podia imaginar uma maneira melhor de aproveitar as férias de primavera do que acompanhar obsessivamente os últimos tutoriais de Photoshop pela internet ("Como Obter Tons de Pele Realistas") ou refazer meu *website* para exibir um novo truque do JavaScript (*links* que mudavam de cor quando se passava o *mouse* por cima deles).

Quando entrei para a Universidade de Stanford, sabia que desejava estudar Ciência da Computação. Assim, assisti a aulas sobre algoritmos e bancos de dados para arranjar um emprego na já madura e sofisticada Microsoft ou na excêntrica e emergente Google, para onde muitos de meus ex-colegas tinham ido. Mas, no segundo ano, uma nova mania tomava conta de Stanford. "Imaginem!", tagarelávamos, excitados, nos corredores ou no refeitório. "Um *site* onde podemos ver fotos daquele bonitão da Química Orgânica ou conhecer as bandas favoritas dos colegas de dormitório, ou mesmo deixar mensagens criptografadas na página inicial dos amigos!"

Eu tinha sido fisgada. O Facebook era diferente de tudo o que eu havia conhecido. Parecia uma coisa viva, uma versão dinâmica de nossa personalidade universitária ampliada para o mundo da internet, permitindo que nos conhecêssemos de uma nova maneira.

Ouvi dizer que o Facebook tinha sido fundado por alunos desistentes de Harvard, mas não sabia muita coisa sobre *startups* até assistir a algumas aulas, em meu último ano, sobre empreendedorismo no Vale do Silício. Então compreendi: aquela era a terra dos sonhadores atrevidos e malucos que haviam tido a chance de elaborar sua versão do futuro sem ser apadrinhados pela varinha de condão dos investidores de risco. Era a terra das inovações nascidas de uma mescla de mentes habilidosas, resoluções implacáveis, senso de oportunidade e muita fita adesiva.

Se eu quisesse montar uma dessas *startups* em determinada altura da vida, por que não agora, enquanto era jovem e não tinha nada a perder? E por que não com um produto que usava diariamente e do qual gostava? Um grande amigo meu, Wayne Chang, tinha ido trabalhar no Facebook seis meses antes e não parava de elogiar a empresa. "Venha dar uma olhada", convidava, procurando me atrair. "Ao menos faça um estágio para ver como são as coisas por aqui."

Aceitei seu conselho e fui fazer uma entrevista. Logo me vi no saguão grafitado do Facebook, como a primeira estagiária de Engenharia. Na época, a equipe inteira caberia em uma festinha de quintal. *News feed* não era nem sequer um conceito, e ninguém conhecia nosso serviço, exceto alunos de colégio e universidade. No mundo da rede social, estávamos muito aquém do gigante MySpace e seus 150 milhões de usuários.

No entanto, se éramos pequenos, nossos sonhos eram enormes. Ficávamos escrevendo códigos até altas horas, enquanto ouvíamos Daft Punk. "Um dia", confidenciávamos a nós mesmos, "seremos maiores que o MySpace" – e em seguida ríamos, porque isso parecia absurdo. "Ainda vamos conectar o mundo."

Com dois meses de estágio, decidi ficar em tempo integral. E, como conhecia o Photoshop da minha época de desenho, meu amigo Ruchi Sanghvi sugeriu que eu me sentasse com os *designers* e ajudasse a decidir o que colocar na tela. "Ahn? Desenvolver *websites* é uma profissão de verdade? Então, estou dentro."

Como éramos uma *startup*, ninguém estranhou que eu, de uma hora para outra, apresentasse minhas próprias propostas de *design* para novas criações. Na época, atirávamos para todo lado, enfrentando os problemas à medida que apareciam, passando de códigos a *pixels* e depois voltando aos códigos. Assim, mais por acaso que por planejamento, acrescentei um novo elemento às minhas funções: o *design*.

Três anos mais tarde, após aquela fatídica conversa com minha gerente, assumi outro papel. A equipe de *design* quase dobrara de tamanho desde que havia começado. Depois dos primeiros anos na *startup*, que crescia a olhos vistos, achei que estivesse habituada a mudanças. Não era estranho, para mim, lidar com novidades ou os problemas que elas traziam.

Mesmo assim, estava despreparada para o que o papel de gerente exigiria de mim. Para começar, eu gerenciava *designers* de produto, algo que nem mesmo sabia existir antes de chegar à empresa. Depois, a responsabilidade de gerenciar pessoas e o modo como trabalhavam juntas parecia bem diferente de criar interfaces de usuários ou elaborar códigos. Naqueles primeiros meses e anos, tudo era novo e difícil.

Lembro-me da primeira vez que entrevistei alguém para minha equipe. Embora, obviamente, eu tivesse total controle sobre a situação – *eu* fazia as perguntas, *eu* determinava os rumos da conversa, *eu* decidia "contratar" ou "não contratar" no final do dia –, minhas mãos tremeram durante todos aqueles 45 minutos. E se o candidato pensasse que minhas perguntas eram sem sentido? E se me considerasse uma fraude, como eu mesma me considerava? E se eu, sem querer, fizesse minha equipe parecer artistas em um espetáculo de circo?

Lembro-me também da primeira vez que tive de dar más notícias. Encarávamos um novo projeto, cujas possibilidades estavam sendo discutidas com paixão por todos nós. Dois de meus subordinados me perguntaram se podiam liderar o projeto. Eu tinha de dizer "não" a um deles. Pratiquei a conversa diante do espelho do meu banheiro, em casa, imaginando os piores cenários. Seria aquela uma decisão acertada? Estaria agindo como uma destruidora de sonhos? Alguém iria pedir demissão imediata?

Lembro-me, ainda, de minha primeira apresentação diante de um grande público. Estava mostrando um trabalho de *design* na conferência F8 do Facebook em meio a um mar de cadeiras e luzes esfuziantes de neon. Nunca havíamos tido um evento público em tamanha escala, de modo que aquilo era sem dúvida algo grandioso. Nas semanas anteriores, ocupei-me dos mínimos detalhes da apresentação. Queria desesperadamente que tudo desse certo, mas falar em público me aterrorizava. Praticar a palestra diante de colegas prestimosos já me parecia uma provação de dar nos nervos.

Lembro-me igualmente de minhas três emoções primárias enquanto navegava pelas águas turbulentas de minha nova função: medo, dúvida e *estou louca por me sentir desta maneira?* Todos à minha volta davam a impressão de se sair bem – e faziam tudo parecer fácil.

Eu não achava que gerenciar era fácil. E ainda não acho.

Hoje, dez anos depois de ter enveredado por esse caminho, minha equipe aumentou de maneira fabulosa. Moldamos a experiência de mais de 1 bilhão de pessoas quando elas clicam no ícone *f* azul do celular. Pensamos nos detalhes de como compartilham o que ocorre na mente delas, como se entrosam com os amigos, interagem em conversas e com contatos, criam comunidades. Se fizermos bem nosso trabalho, pessoas do mundo inteiro – da Bélgica ao Quênia, da Índia à Argentina – se sentirão mais perto umas das outras.

O bom *design*, no fundo, pressupõe entender as pessoas e suas necessidades a fim de lhes criar as melhores ferramentas. Fui atraída pelo *design* do mesmo modo que fui atraída pela gestão: empoderar os outros parece uma ação profundamente humana.

Não sou, de modo algum, uma especialista em gestão. Aprendi quase tudo na prática e, apesar das melhores intenções, cometi muitos erros. Mas a vida é assim. Tentamos alguma coisa. Examinamos o que deu certo e o que não deu. Absorvemos lições para o futuro. Em seguida, fazemos melhor. Tela branca, recomeço.

Também contei com muita ajuda de cursos maravilhosos de treinamento em liderança (o Crucial Conversations foi meu favorito), livros e artigos que li e reli (como *High Output Management* e *How to Win Friends and Influence Peoaple* e, o mais importante de tudo, meus colegas. Com bastante generosidade, eles compartilharam sua sabedoria e me incentivaram a lutar para ser melhor. Tive muita sorte de trabalhar com Mark Zuckerberg, Sheryl Sandberg e vários outros profissionais, no passado e no presente: eles me ensinaram muito.

Outra tática em minha autoeducação começou há cerca de quatro anos, quando decidi escrever um *blog*. Achei que o ato de me sentar toda semana e enveredar pelo emaranhado de pensamentos que pipocavam em minha cabeça me ajudaria a lhes conferir sentido.

Dei ao *blog* o nome de "The Year of the Looking Glass" [O Ano do Espelho] porque, assim como Alice: "Sei quem eu *era* quando acordei esta manhã, mas acho que devo ter mudado várias vezes desde então". Um dia, imaginei-me em um futuro distante, olhando em retrospectiva para minha coleção de postagens e relembrando minha jornada. "Eis aqui todas as coisas com que me defrontei. Eis aqui os caminhos que percorri para aprender."

As pessoas começaram a ler meus artigos. Encaminhavam-nos a amigos e colegas. Estranhos passaram a se aproximar de mim em eventos e conferências a fim de discutir as coisas que eu escrevia. Diziam ter apreciado muito a maneira como eu solucionava os problemas. Alguns eram gerentes novos na função. Outros tinham experiência, mas enfrentavam desafios similares de crescimento e escala. Outros, enfim, ainda não eram gerentes nem sabiam se isso era o que de fato queriam fazer.

"Você deveria escrever um livro", sugeriu um amigo. Eu apenas ri da ideia. Ele não podia estar falando sério! Havia ainda muito que aprender. Talvez no futuro, no crepúsculo de minha carreira, depois de descobrir o verdadeiro segredo da grande gestão, em uma poltrona diante da lareira crepitante, eu então revelaria toda a sabedoria que havia acumulado.

Foi o que eu disse ao meu amigo. Ele revirou os olhos: "Sim, mas a essa altura você não se lembraria mais do começo, quando tudo era novo, difícil e maluco. Estaria bem distante disso". Meu amigo tinha razão. Existem por aí incontáveis livros sobre gestão, escritos por grandes executivos e especialistas em liderança. Há muitos recursos para executivos que desejam se tornar ainda mais eficientes por meio do aprendizado das últimas pesquisas organizacionais ou tendências empresariais.

Entretanto, nem todos os gerentes são CEOs ou altos executivos. Muitos lideram pequenas equipes, às vezes, até de forma indireta. Vários deles não aparecem nas páginas da *Forbes* ou da *Fortune*. Mas ainda assim são gerentes e têm um único propósito: ajudar um grupo de pessoas a alcançar um objetivo comum. Podem ser professores ou diretores, capitães ou *coaches*, gestores ou planejadores.

Pensando nisso, concluí: "Talvez eu possa mesmo escrever esse livro, pois será mais relevante para as pessoas agora" – gerentes novos na função, em meio à luta diária; gerentes sobrecarregados que se perguntam como ajudar os subordinados; gerentes às voltas com equipes cada vez maiores; ou apenas pessoas que querem saber mais sobre gestão. Eu estava nesse último grupo não fazia muito tempo.

Liderar uma equipe é difícil porque ela é composta de pessoas – e todos somos seres multifacetados, complexos. Assim como as pessoas não são iguais, não há uma maneira única de liderar um grupo de pessoas.

No entanto, o trabalho em equipe é o que move o mundo. Juntos, criamos coisas maiores e mais ambiciosas do que quando trabalhamos sozinhos. É desse modo que as batalhas são vencidas, que a inovação avança, que as empresas prosperam. Toda realização notável depende disso.

Acredito piamente que as características de um grande gerente são forjadas, e não inatas. Não importa quem você é. Se está lendo este livro, é porque quer realmente ser um grande gerente.

Caro leitor, espero lhe dar dicas úteis para o dia a dia. Mas espero, sobretudo, ajudá-lo a compreender os *porquês* da gestão, pois somente assim você se tornará de fato eficiente nos *comos*. Por que existem gerentes? Por que você deve conversar com cada um dos subordinados? Por que deve escolher o candidato A, e não o candidato B? Por que tantos gerentes cometem os mesmos erros?

Algumas das histórias e perspectivas discutidas aqui podem ser exclusivas de meu ambiente de trabalho: uma *startup* de tecnologia que se tornou uma empresa da Fortune 500. Talvez você só precise contratar alguém, e ainda muito raramente. Talvez as reuniões não façam parte de seu cotidiano. No entanto, boa parte do trabalho diário dos gerentes – fornecer *feedbacks*, criar uma cultura saudável, planejar o futuro – é universal.

Por fim, desejo que este livro esteja sempre à mão para ser lido na sequência em que desejar, folheado a qualquer hora ou relido quando, de repente, você começar a encarar alguma de suas funções sob uma nova perspectiva.

Embora eu seja uma *designer*, este livro não trata de desenvolvimento de produtos. Você não encontrará nele reflexões profundas sobre o que constitui um grande *design* ou o que penso sobre mídia social. Não me sentei e comecei a escrever para lhe contar a história do Facebook.

Aqui, falo como alguém que não tinha nenhum treinamento formal aprendeu a se tornar uma gerente confiante. Este é um livro que eu gostaria de ter lido nos meus primeiros anos, quando estava atormentada por medos, dúvidas e inseguranças.

Estas linhas lhe dirão que seus medos e suas dúvidas são normais. E você, assim como eu, reconhecerá a verdade dessa afirmação.

Pronto? Vamos começar.

Capítulo Um

O Que é Gestão?

EVITE

ALMEJE

Em maio de 2006, quando comecei no emprego, eu não sabia quase nada.

Por um lado, levando em conta que o Facebook era, na época, uma rede social para alunos de colégio e universidade, eu achava que, de certo modo, era a candidata perfeita. Quero dizer, quem poderia conhecer melhor o público do Facebook que uma recém-graduada como eu? Estava ansiosa para deixar minha marca no mundo e nada poderia me deter. Não cultivava doutrinas institucionalizadas, não tinha fracassos trágicos a comentar. E, depois de quatro anos estudando muito para os exames, escrevendo textos e mais textos, realizando maratonas noturnas de programação, o trabalho árduo e eu nos dávamos muito bem.

Mas eu também enfrentava grandes dificuldades, e a maior delas era a inexperiência. Como acontece na maioria das *startups*, nossa equipe queria realizar coisas, e não se preocupar com a hierarquia empresarial. Não tive nenhum gerente em meu primeiro ano, até que uma *designer* sênior, Rebekah, assumiu essa função. Antes disso, trabalhávamos como uma equipe dispersa, cada qual ajudando onde era necessário. Dois anos depois, de maneira inesperada, *eu* me tornara gerente.

Tinha muito a aprender. Mas, quando me recordo daquela época, o que mais me surpreende é o pouco que eu sabia sobre *gerenciamento*.

Ah, todos conhecemos bons e maus gerentes, de M, de James Bond, a Ebenezer Scrooge, de *Um Conto de Natal*; de Katharine Graham, do *The Post*, a Miranda Priestley, de *O Diabo Veste Prada*. Não, os gerentes não são uma espécie rara, exótica. Quase todo mundo tem um. Quando criança, à mesa de refeições, lembro-me de meus pais – uma especialista em TI e um corretor da Bolsa – falando sobre o que o chefe deles havia dito ou feito naquele dia. Tive gerentes que me ensinaram muita coisa no colégio e na faculdade.

Mas, se você me perguntasse, antes de eu começar, qual era a função de um gerente, eis o que eu diria:

A função de um gerente consiste em...

- fazer reuniões com os subordinados para ajudá-los a resolver problemas;
- compartilhar informações sobre o que está ou não indo bem; e
- determinar quem vai ser promovido e quem vai ser despedido.

Depois de três anos de trabalho e um pouco mais por dentro do assunto, minha resposta seria:

A função de um gerente consiste em...

- montar uma equipe que funcione;
- apoiar os membros da equipe para que alcancem seus objetivos profissionais; e
- elaborar processos para que o trabalho seja realizado da melhor forma e eficiência.

Como você pode ver, minhas respostas evoluíram de atividades básicas, cotidianas (fazer reuniões e dar *feedbacks*), para objetivos de longo prazo (montar equipes e apoiar carreiras). Essas últimas respostas parecem mais inteligentes, mais maduras. Ótimo!

No entanto... elas ainda não são muito corretas. Talvez você pense: "Bem, o que há de errado com essas respostas?". Os grandes gerentes sem dúvida fazem tudo o que está nas duas listas.

É verdade. Mas o problema é que essas respostas se referem a um conjunto de atividades. Se eu lhe perguntasse: "Qual é a função de um jogador de futebol?", você responderia que é treinar, passar a bola para os companheiros e fazer gols?

Não, claro que não. Você não me diria que essas são as atividades principais dele. Diria: "A função de um jogador de futebol é ganhar jogos".

Sendo assim, qual é a função de um gerente? Sem entender isso em profundidade, será difícil ser bom nessa profissão.

É esse o assunto de que trata o capítulo um.

DEFINIÇÃO SUMÁRIA DA FUNÇÃO DE UM GERENTE

Imagine que você decida montar uma barraca de limonada porque gosta de limonada e acha que esse pode ser um grande negócio.

Em princípio, o que precisa fazer parece muito claro. Você vai ao mercado e traz uma sacola cheia de limões. Espreme-os, adiciona água e uma boa quantidade de açúcar. Adquire uma mesa dobrável, alguns banquinhos, uma jarra, um refrigerador e alguns copos. Pinta uma bela tabuleta anunciando sua deliciosa oferta (e o preço competitivo!) e, em um ponto movimentado, monta a barraca e pergunta amavelmente a quem passar por ela se está com sede.

Tudo é muito simples quando você faz isso sozinho. Suas mãos é que espremem os limões, suas pernas é que vão do balcão à cozinha, e dela à barraca, seus braços é que enchem a jarra e mantêm o refrigerador abastecido. Se a tabuleta escrita a giz parecer rudimentar, você é o responsável. Se os limões estiverem muito doces ou muito azedos, a culpa é unicamente sua. Nada será feito se você não o fizer.

Mas eis aqui algumas boas notícias! Beyoncé lança um álbum e, de repente, todo mundo fica obcecado por limonada! Você vende um copo e dez outras pessoas se apinham junto à barraca, ansiosas por um gole dessa bebida refrescante e nostálgica. Você não consegue atender à demanda e decide pedir ajuda a seus vizinhos, Henry e Eliza. Pagará a eles um salário justo e, em troca, eles trabalharão para você.

Parabéns! Agora você é um gerente!

"Uau!", você diz a si mesmo. "Contratei funcionários e estou lhes pagando. Sou o CEO, o chefe, o patrão. Sim, sem dúvida sou um gerente."

Na verdade, você seria o gerente mesmo que não os contratasse nem lhes pagasse. Ser gerente não tem nada a ver com empregar, e sim com o fato de *não estar mais fazendo algo pessoalmente.*

Com três pares de mãos e pés, você vai conseguir fazer e vender limonada bem mais depressa. Um de vocês misturará a bebida e outro receberá o pagamento. Você poderá estabelecer turnos e manter a barraca aberta por mais tempo. Poderá até sair e pesquisar ingredientes mais baratos.

Ao mesmo tempo, estará renunciando a certo grau de controle. Não tomará mais todas as decisões. Quando algo der errado, nem sempre será por *sua* culpa. Se Eliza se esquecer de acrescentar o açúcar, você terá um monte de fregueses insatisfeitos e de cara feia. Se a carranca de Henry intimidar as pessoas, menos gente vai parar para tomar o refresco.

Ainda assim, você acha que o negócio vale a pena. Por quê? Porque seu objetivo é o mesmo do início: você gosta de limonada e pensa que vai se sair bem. Acredita que mais pessoas devam experimentar as maravilhas de sua bebida favorita – e, com Eliza e Henry a bordo, julga que terá mais chances de sucesso.

Esse é o ponto crucial da gestão: imaginar que uma equipe pode conseguir mais que uma única pessoa. Concluir que não é preciso fazer tudo sozinho, ser o melhor em tudo ou mesmo saber *como* fazer tudo sem a ajuda de ninguém.

Seu trabalho, como gerente, é *obter os melhores resultados de um grupo de pessoas que trabalham juntas.*

Dessa definição simples é que decorre todo o resto.

QUAL É A DIFERENÇA ENTRE UM GRANDE GERENTE E UM GERENTE MEDIANO?

Eu costumava pensar que julgar se um gerente era bom ou não equivalia a avaliar se um adolescente de 15 anos estava qualificado ou não para dirigir. Haveria uma série de testes e cada demonstração bem-sucedida somaria pontos. Ele é bem-visto pelos outros? Consegue resolver problemas complexos e estratégicos? As apresentações dele são excelentes? Costuma concluir inúmeras tarefas importantes em um só dia? Responde aos *e-mails* enquanto espera pelo café? Sabe contornar situações de tensão? Está sempre focado? etc. etc.

Essas são ótimas qualidades para um gerente, claro, e discutiremos muitas delas mais adiante. Mas saber se um gerente é bom ou não pode ser uma tarefa bem menos complicada.

Se a função pode ser definida como obter melhores resultados de um grupo de pessoas que trabalham juntas, a equipe de um grande gerente obterá quase sempre grandes resultados.

Se o resultado que você deseja é um próspero negócio de venda de limonada, a equipe de um grande gerente obterá mais lucros que a equipe de um gerente mediano. A equipe de um gerente ruim perde dinheiro.

Se o resultado pretendido é educar crianças, a equipe de um grande gerente preparará melhor os alunos para o futuro do que a equipe de um gerente mediano. Um gerente ruim não será capaz de transmitir aos jovens nem as habilidades nem o conhecimento de que precisam para vencer na vida.

Se o resultado a se obter é criar um *design* de qualidade, a equipe de um grande gerente elaborará quase sempre conceitos que possam produzir um trabalho digno de admiração. A equipe de um gerente mediano também fará o trabalho, porém não terá o mesmo sucesso. A equipe de um gerente ruim apresentará a todo tempo propostas que o farão pensar: "Sem dúvida, podemos fazer melhor que isso".

Andy Grove, fundador e CEO da Intel e, em sua época, um gerente lendário, escreveu que, quando se trata de avaliações, devemos olhar para "o *rendimento* da unidade de trabalho, e não apenas para a *atividade* realizada. Você, é claro, avalia um vendedor pelos pedidos que ele fecha (rendimento), e não pelas ligações telefônicas que ele faz (atividade)".

Você pode ser o gerente mais talentoso, querido e dedicado do mundo, mas, se sua equipe adquiriu a reputação de só produzir rendimentos medíocres, então, lamento muito: você não pode de modo algum ser considerado um "grande" gerente.

Dito isso, a certa altura, pode ser difícil julgar com precisão. Um grande gerente pode ser chamado para liderar uma nova equipe e, como leva tempo para se adaptar a ela, os resultados talvez não impressionem a princípio. Em contrapartida, um gerente ruim às vezes obtém resultados espetaculares, apenas porque herdou uma boa equipe ou pressionou-a a trabalhar até altas horas.

O tempo, porém, sempre revela a verdade. Os melhores empregados não costumam permanecer por anos a fio sob as ordens de um chefe que os trata mal e a quem não respeitam. E gerentes talentosos, quando têm total autonomia para isso, quase sempre dispensam equipes que produzem pouco.

Há seis anos, passei a me reportar a outro gerente, Chris Cox, diretor de Produto do Facebook. Em uma de nossas primeiras conversas, pelo que me lembro, perguntei-lhe como ele avaliava o trabalho de um gerente. Chris sorriu e disse: "Meus critérios são muito simples". Metade dos critérios que levava em conta tinham relação com os resultados da equipe: Eles realizavam suas aspirações ao criar *designs* de valor, fáceis de usar, bem-feitos? E a outra metade, com a energia e a satisfação da equipe: Ele fazia um bom trabalho contratando e instruindo as pessoas? A equipe estava contente, atuando em grupo de maneira proveitosa?

A primeira metade contempla o rendimento atual da equipe; a segunda procura determinar se estamos prontos para obter grandes resultados no futuro.

Adotei esses critérios para avaliar gerentes em minha própria equipe. Ser bom em um trabalho significa investimento de longo prazo e a construção de uma reputação de excelência. Não importa o que aconteça, e apesar das centenas de problemas que possam chamar sua atenção diariamente, nunca se esqueça do que, em última análise, você está ali para fazer: ajudar a equipe a obter grandes resultados.

TRÊS COISAS NAS QUAIS OS GERENTES PENSAM O DIA INTEIRO

Mas de que modo um gerente pode ajudar um grupo de pessoas a obter grandes resultados?

Quando comecei, minha mente se concentrava nas obrigações diárias: preparar-me para a próxima reunião, remover obstáculos em um relatório, elaborar um plano de execução para o mês seguinte.

J. Richard Hackman, grande especialista em equipes, procurou responder a essa pergunta durante quarenta anos. Estudou a maneira como os profissionais trabalham juntos em hospitais, orquestras sinfônicas e cabines de comando de aviões comerciais. Uma de suas conclusões: fazer uma equipe funcionar bem é mais difícil do que parece. "Minha pesquisa mostrou, com dados consistentes, que as equipes têm rendimento aquém do ideal, apesar de todos os recursos extras colocados à disposição", afirma ele. "Isso ocorre porque problemas de coordenação e motivação costumam invalidar os benefícios da colaboração."

A pesquisa de Hackman apontou cinco condições que ampliam as chances de sucesso de uma equipe: um grupo de verdade (com limites claros e membros estáveis), direção entusiasta, estrutura sólida, um contexto empresarial disposto a apoiar a equipe e consultoria especializada.

Minhas próprias observações corroboram tudo isso e, para mim, as diversas tarefas de um dia de trabalho de um gerente se encaixam com clareza em três categorias: *propósito*, *pessoas* e *processo*.

Propósito é o resultado que sua equipe está tentando alcançar, conhecido às vezes como *por quê*. Por que você acorda de manhã e decide fazer *isto* em vez de qualquer outra coisa que poderia fazer? Por que concentra seu tempo e energia nessa meta especial, com determinado grupo de pessoas? O que mudaria no mundo se sua equipe obtivesse êxito? Todo mundo na equipe tem a mesma perspectiva de *por que nosso trabalho é importante*? Se esse propósito não existir ou for pouco claro, você terá pela frente conflitos e expectativas desencontradas.

Digamos, por exemplo, que sua perspectiva seja ter uma barraca de limonada em cada quarteirão, a começar por sua cidade para depois espalhá-la por todo o país. No entanto, seu empregado Henry acha que a barraca deve se tornar um ponto de encontro para os vizinhos. Começa a fazer coisas que você não considera importantes nem úteis, como comprar espreguiçadeiras ou servir pizzas além da limonada. Para evitar esses desencontros, é preciso mantê-lo, e os outros membros da equipe, alinhados com o que você realmente deseja.

Ao mesmo tempo, você não pode apenas *exigir* que todos acreditem na sua perspectiva. Se Henry pensar que seu grande plano de montar "uma barraca de limonada em cada quarteirão" não faz sentido, ele não terá nenhuma motivação para ajudá-lo a seguir adiante. Talvez ele até decida mudar de rumo profissional, optando por algo de que goste mais, como a pizzaria no fim da rua.

A primeira e significativa parte da função do gerente consiste em garantir que *sua equipe saiba o que é sucesso e queira alcançá-lo*. Conseguir que todos entendam e aceitem o propósito da equipe, quer seja tão específico quanto "tratar bem quem está do outro lado da linha telefônica" ou tão amplo quanto "unir o mundo", exige primeiro que você se entenda e que acredite naquilo que faz para, depois, compartilhar esse sentimento em todas as ocasiões possíveis – da redação de *e-mails* ao estabelecimento de metas; da conversa com um único funcionário a uma reunião de larga escala.

A outra parte sobre a qual os gerentes pensam diz respeito a *pessoas*, também conhecida como *quem*. Os membros de sua equipe estão preparados para o sucesso? Possuem as habilidades adequadas? Sentem-se motivados para fazer um grande trabalho?

Se você não tiver as pessoas certas para o trabalho ou um ambiente em que elas possam dar tudo de si, haverá problemas, como Eliza não medir corretamente as quantidades de suco de limão, açúcar e água para sua fórmula secreta, ou Henry não se convencer a tratar bem os fregueses, ou mesmo você ser péssimo em planejamento. Sua barraca de limonada sofrerá com isso. Para gerenciar bem as pessoas, é preciso desenvolver uma relação de confiança com elas, perceber os pontos fortes e fracos dela (assim como os seus), tomar decisões acertadas sobre quem fará o que (inclusive contratar e despedir, quando necessário) e extrair o melhor dos funcionários individualmente.

Por fim, a última parte é o *processo*, ou seja, *como* seu pessoal trabalha em equipe. Você pode ter funcionários incrivelmente talentosos, com ideias claras sobre as metas que devem alcançar, porém, se ignorarem como cada um deverá trabalhar em equipe ou quais são os valores dela, mesmo as tarefas mais simples se tornarão bastante complicadas. Quem deve fazer o que... e quando? Que princípios orientarão a tomada de decisões?

Digamos, por exemplo, que o trabalho de Henry é trazer do mercado os ingredientes da limonada e o de Eliza, fazer a limonada. Como Henry vai saber quando fazer as compras? Onde Eliza encontrará os ingredientes? O que acontecerá se, em um dia muito quente, faltarem limões? Se não houver um plano previsível, Henry e Eliza perderão tempo para coordenar suas atividades e lidar com os inevitáveis equívocos que serão cometidos.

As pessoas costumam ter uma reação alérgica à palavra *processo*. Para mim, ela evocava apenas uma sucessão de tarefas. Eu me imaginava sobraçando pilhas de papel e com a agenda lotada de reuniões entediantes. Em um mundo sem processos, imaginava-me livre para fazer o que fosse necessário, a fim de obter resultados *rapidamente*, sem burocracia nem obstáculos, sem sobrecarga nem dor de cabeça.

Há certa verdade nisso. Já dissemos que, quando você trabalha sozinho, toma todas as decisões. Sua limitação diz respeito apenas à própria rapidez de pensamento e ação.

Em equipe, é impossível várias pessoas coordenarem o que precisa ser feito sem dispêndio de tempo. Quanto maior a equipe, mais tempo é necessário. Por mais talentosos que sejamos, ler mentes não é uma competência humana. Precisamos instituir valores comuns à equipe para tomar decisões e enfrentar problemas. No caso dos gerentes, eis alguns processos importantes que eles devem dominar: fazer reuniões proveitosas, evitar erros do passado, planejar o amanhã e alimentar um ambiente saudável.

Propósito, pessoas, processo. Por que, quem e como. Um grande gerente sempre se pergunta de que modo poderá acionar essas alavancas para melhorar o rendimento da equipe. Quanto mais a equipe aumenta, menos importa quão bom ele é ao executar pessoalmente o trabalho. O que mais importa é o efeito multiplicador que o gerente provoca na equipe. Mas como isso funciona na prática?

Suponha que eu resolva vender vinte copos de limonada por hora.

Suponha que Henry e Eliza vendam, cada um, quinze copos de limonada por hora.

Suponha que nós três trabalhemos quatro horas por dia. Como sou o melhor vendedor, pode parecer que empregarei bem meu tempo ficando sozinho na barraca. Venderei oitenta copos por dia, ao passo que Henry e Eliza venderão, cada um, sessenta. Minha contribuição será de 40% das vendas totais!

Mas o que posso fazer, em vez disso, com o meu tempo? Talvez ensinar Henry e Eliza a se tornarem melhores vendedores de limonada. ("Conte piadas de limão![1]* Prepare as porções com antecedência! Encha vários copos de uma vez!") Se todo esse treinamento me custar trinta horas, equivalerá a seiscentos copos de limonada que eu poderia vender. Muita coisa para ignorar.

Porém, se o treinamento ajudar Henry e Eliza a venderem dezesseis copos por hora em vez de quinze, isso significará mais oito copos por dia vendidos pelos dois. Será um pequeno incremento, mas, em menos de três meses, eles chegarão aos seiscentos copos que não vendi. Se permanecerem na barraca por um ano inteiro, as trinta horas que gastei treinando-os em vez de vender limonada pessoalmente significarão mais de 2 mil copos extras vendidos!

Treinamento não é a única coisa que posso fazer. E se eu usar essas trinta horas para contratar meu vizinho Toby? Ele é tão persuasivo que poderia convencer uma onça a comprar pintas![2] Suponha que meu plano de "montar uma barraca de limonada em cada quarteirão" o inspire a entrar para a equipe. Ele passa a vender trinta copos de limonada por hora, deixando-nos envergonhados. Em um ano, nossa barraca venderá 21 mil copos a mais!

1* "Por que o limão parou de rolar rua abaixo? Por que ficou sem bateria."
Out of juice (sem bateria) pode significar também "sem suco". (N. do T.)

2 As piadas dele também são incrivelmente boas. Vou reproduzi-las aqui, mas ele me pediu que não revelasse seus "segredos de ofício".

Se eu gastar todo o meu tempo vendendo pessoalmente limonada, *acrescentarei* quantidade ao meu negócio, mas não a multiplicarei. Meu desempenho como gerente será considerado pobre, porque, na verdade, estarei agindo como um colaborador individual.

Quando decidi treinar Henry e Eliza, meus esforços resultaram em um ligeiro aumento na venda de limonada, de modo que o efeito multiplicador não foi lá grande coisa. Estava no caminho certo, mas não havia nada ainda de que pudesse me vangloriar. Ao contratar Toby, porém, o efeito multiplicador foi bem maior.

Esse exemplo, claro, é bem simplista. Na vida real, pode não ser tão fácil avaliar quanto você ganhará fazendo uma coisa em vez de outra; nos próximos capítulos, falaremos mais sobre as melhores práticas para priorizar seu tempo. Mas, não importa a sua escolha, os princípios do sucesso sempre serão os mesmos.

Seu papel como gerente não é fazer as coisas com as próprias mãos, ainda que seja melhor nisso, pois assim você vai continuar onde está. Seu papel é melhorar o propósito, as pessoas e o processo de sua equipe, a fim de obter o maior efeito multiplicador possível para um resultado coletivo.

GESTÃO NO MODO SOBREVIVÊNCIA

Investir em propósito, pessoas e processo exige tempo e energia. No exemplo da barraca de limonada, tive de renunciar a vender alguns copos hoje porque acreditava que contratar e treinar prepararia minha equipe para vender mais limonada ao longo do tempo. Será essa, sempre, a melhor decisão? Não, claro que não. Tudo depende do contexto.

E se eu tivesse tomado dinheiro emprestado para montar a barraca e precisasse devolvê-lo depois de duas semanas – do contrário, teria de pagar, com juros, dez vezes o que fiquei devendo? Nesse caso, é bem mais importante, para mim, vender o máximo de limonada pessoalmente, para que minha dívida não saia do controle. Não há sentido em planejar meses ou anos à frente se minha barraca estiver à beira da falência.

Por tradição, aconselha-se a planejar tendo em vista o longo prazo: se gastar um pouco hoje, você colherá muito amanhã. Mas isso só vale se a empresa não estiver pegando fogo. Se estiver, não funciona, pois a essa altura você precisará fazer de tudo para extinguir as chamas.

Em 1943, o psicólogo Abraham Maslow elaborou uma famosa teoria, hoje conhecida como hierarquia das necessidades de Maslow, a fim de explicar a motivação humana. A ideia básica é que certas necessidades prevalecem sobre outras e precisamos satisfazer as de baixo nível antes de privilegiar as de nível superior.

Se você não consegue respirar, por exemplo, pouco importa que esteja com fome, solitário ou desempregado. Quando seu rosto começa a ficar azulado, tudo em seu ser converge para achar um modo de encher os pulmões com oxigênio. Entretanto, se estiver respirando normalmente, isso não significa que a vida esteja perfeita. Quer dizer apenas que está em condições de enfrentar o próximo desafio crítico à sua sobrevivência: pôr comida no estômago.

Quando conseguir respirar, estiver com o estômago cheio e em um ambiente seguro, poderá se concentrar nos próximos níveis da hierarquia, como fazer parte de uma comunidade que o apoie ou contribuir com algo significativo para o mundo – aquilo que Maslow chama de "autorrealização".

Como você está lendo este livro e se perguntando como pode se tornar um gerente melhor, talvez seja aceitável presumir que sua empresa não se encontra à beira do colapso. Mas, se for esse o caso, feche o livro agora mesmo e tente imaginar o que precisa fazer para ajudar sua equipe a inverter essa tendência. Você é capaz de reunir suas tropas para uma manobra espetacular? Consegue elaborar uma tática à MacGyver para sair da enrascada? Está disposto a arregaçar as mangas para divulgar o nome de sua empresa ou vender copos de limonada?

No modo sobrevivência, você faz qualquer coisa para sobreviver.

Mas, se estiver com a sobrevivência garantida em termos de hierarquia de necessidades, poderá planejar o futuro e pensar no que deve fazer hoje para ganhar mais nos próximos meses ou anos.

COMO SABER SE VOCÊ SERÁ UM GRANDE GERENTE?

A essa altura, você já sabe que gerenciar é a arte de fazer que um grupo de pessoas trabalhe em harmonia para obter os melhores resultados. Mas sabe se, em seu caso, esse é o melhor caminho a seguir?

Lembre-se do que eu disse antes: as características de um grande gerente são forjadas, e não inatas. Há, porém, um senão: você precisa *gostar* do dia a dia de um gerente e *querer* desempenhar essa função.

Tive, certa vez, uma *designer* muito talentosa em minha equipe. Era criativa e dedicada, além de ser a pessoa mais experiente em uma importante área de produção. Seus colegas sempre a procuravam quando tinham de tomar grandes decisões. Pensei: "Ela deveria ser gerente, sem dúvida!". Quando a equipe aumentou, perguntei-lhe se gostaria de exercer essa função. Ela disse que sim e eu me congratulei por ter lhe dado a oportunidade de se destacar ainda mais.

Um ano depois, ela pediu demissão.

Nunca me esquecerei do que ela me disse pouco antes de pedir demissão. Admitiu que todas as manhãs, na cama, ficava apavorada com a perspectiva de ir trabalhar e gerenciar pessoas. Percebi que aquilo era verdade. O ímpeto de curiosidade e a dedicação tinham sido substituídos pelo cansaço. Sua equipe tinha problemas que exigiam entusiasmo, mas estava tão esgotada que não conseguia transmitir nenhuma motivação. Ela não gostava de suas responsabilidades diárias. Era uma realizadora e precisava de longos períodos sem nenhuma interrupção para se aprofundar em um problema e criar algo tangível com as próprias mãos.

Aprendi a lição. Daquele momento em diante, quando as pessoas me diziam estar interessadas em gestão, eu tentava entender o que elas achavam atraente na função e se o que diziam ia ao encontro do que seria a atividade diária real delas.

Talvez você tenha trabalhado para um grande gerente e se sinta inspirado a fazer o que ele fazia. Talvez goste de liderar outras pessoas. Talvez queira progredir na carreira, ganhar mais dinheiro ou chamar mais atenção. Algumas dessas motivações se enquadram bem nas realidades da gestão. Outras, não.

Se você não sabe se pode ser um grande gerente, faça a si mesmo estas três perguntas:

ACHO MAIS MOTIVADOR OBTER DETERMINADO RESULTADO A DESEMPENHAR UM PAPEL ESPECÍFICO?

Como gerente, você é julgado pelos resultados de sua equipe. Portanto, sua função consiste em fazer aquilo que mais o ajudará a ser bem-sucedido. Se sua equipe não tem as habilidades cruciais para determinada tarefa, você vai precisar reservar certo tempo para treiná-la ou contratar novos funcionários. Se alguém estiver criando problemas para os outros, é sua responsabilidade detê-lo. Se as pessoas não sabem o que devem fazer, será necessário elaborar um plano. Boa parte desse trabalho não tem encanto nenhum. Mas, como é importante, precisa ser feito; e, se ninguém mais o fizer, você terá de fazê-lo.

Por isso, a adaptabilidade é um traço decisivo dos grandes gerentes. Sua equipe estará em constante mudança – novos objetivos, pessoas que entram e saem, processos tomando outros rumos –, e aquilo que você faz diariamente também deverá mudar. Se estiver concentrado em seu objetivo, é bem provável que até aprecie (ou pelo menos não leve em conta) a variação que poderá ocorrer no trabalho. Se, ao contrário, houver alguma atividade específica de que gosta muito e a qual tenha de renunciar – seja ela visitar pacientes, ensinar alunos, redigir códigos ou desenvolver produtos –, talvez você chegue à conclusão de que seus objetivos pessoais estão em desacordo com as necessidades da equipe.

Essa questão é mais importante que qualquer outra, e um "sim" enfático pode resolver quase tudo. É por isso que você vê líderes com energia e temperamento tão diferentes comandando empresas. Eles têm em comum o fato de a prioridade número um ser a obtenção do êxito da equipe – para tanto, adaptam-se para se tornar os líderes de que as empresas precisam.

GOSTO DE CONVERSAR COM AS PESSOAS?

Você não pode separar *gestão* de *equipe*; portanto, como gerente, terá de despender muito tempo com outras pessoas. Em grande parte, sua responsabilidade consiste em garantir que as pessoas que recebem seu apoio sejam capazes de progredir. Isso significa que ouvir e conversar com elas são elementos centrais do trabalho.

Se eu lhe dissesse que 70% do seu tempo será gasto em reuniões, como você reagiria? Posso estar exagerando, mas, se o primeiro pensamento for: "Sem problemas!", você é alguém capaz de tirar energia da interação com os outros.

Se, por outro lado, seu primeiro pensamento for: "Hum, isso parece assustador!", é bem provável que você considere problemático o cotidiano de um gerente. Não precisa ser extrovertido – eu não sou, e o mesmo se pode dizer de muitos outros gerentes, de Steven Spielberg a Eleanor Roosevelt –, mas talvez o papel não lhe sirva caso sonhe com uma sequência de tarefas longas e ininterruptas, além de silenciosa concentração, durante os dias de trabalho.

POSSO DAR ESTABILIDADE A UMA SITUAÇÃO EMOCIONALMENTE INSTÁVEL?

Como a gestão diz respeito inteiramente a pessoas, e cada pessoa representa experiências, motivações, esperanças, características e medos únicos, os gerentes precisam manter conversas difíceis. Você talvez tenha de dizer a alguém que ele não está correspondendo às expectativas de sua função. Pior ainda, talvez precise olhá-lo nos olhos e comunicar que está despedido. As pessoas podem ter uma crise nervosa e lhe contar sobre situações difíceis que estão afetando seu trabalho – problemas familiares, tragédias pessoais, preocupações com a saúde, doenças mentais etc.

Ninguém *gosta* dessas situações difíceis, mas algumas pessoas são melhores que outras em permanecer firmes, proporcionando assistência ao longo dos altos e baixos da vida. Se você for o amigo a quem os outros recorrem em épocas difíceis e pode ser descrito como capaz de empatia sem se mostrar dramático, alguém apto a aliviar em vez de acirrar tensões, está mais bem munido para encarar os cenários carregados de emoção que surgem no caminho de qualquer gerente.

———

A seguir, temos outras respostas comuns à pergunta: Por que você quer ser um gerente? Dependendo das circunstâncias, a gestão talvez não seja o melhor caminho para alcançar seus objetivos.

QUERO PROGREDIR NA CARREIRA

"Tornar-se um gerente" é muitas vezes visto como "ganhar uma promoção", o que traz à mente imagens brilhantes de um futuro próspero: a oportunidade de ter mais influência, novos e excitantes desafios, mais recompensas e reconhecimento.

Em muitas empresas, a capacidade de desenvolvimento profissional é limitada, a menos que comece a liderar pessoas. Todos os executivos de nível C lideram equipes. E, se suas ambições forem tornar-se um CEO ou um vice-presidente algum dia, você deverá seguir o caminho da gestão. Há também empregos nos quais, atingido certo nível de habilidade, a única forma de ir além é aprender a gerenciar e coordenar o trabalho de mais e mais pessoas – por exemplo, apoio ao consumidor ou vendas a varejo.

Dito isso, hoje em dia várias empresas, sobretudo as que procuram atrair talentos capacitados e criativos, possuem planos de carreira que não exigem a gestão de outras pessoas. Por exemplo, se você é um cirurgião cardíaco, pode aprimorar sua habilidade em anos de prática, a fim de se tornar um especialista reconhecido na área – aquele que se encarrega dos casos mais difíceis e cria novas técnicas. Não seria preciso tornar-se diretor-geral do hospital para ganhar mais ou exercer mais influência (tanto cirurgiões habilidosos quanto diretores de hospital são bastante valorizados).

Da mesma maneira, em inúmeras empresas de tecnologia, funções como engenharia ou *design* oferecem hoje carreiras paralelas após se alcançar determinado nível – você pode ascender na profissão como gerente ou "colaborador individual". Ambos os caminhos propiciam oportunidades iguais em relação a influência, crescimento e recompensa até o nível C; portanto, tornar-se um gerente não é *promoção*, e sim *transição*. Na verdade, no Vale do Silício, o "engenheiro elevado à décima potência" – alguém cujo rendimento equivale ao de dez engenheiros comuns – é tão procurado que seu salário chega a ser o mesmo dos diretores ou vice-presidentes que lideram dezenas ou centenas de pessoas.

Se você trabalha em uma empresa que facilita a ascensão de colaboradores individuais, aproveite-se do fato de ter escolha e descubra qual caminho se adapta melhor às suas forças e interesses.

QUERO LIBERDADE PARA TOMAR DECISÕES

Muitas pessoas sonham com o dia em que acordarão no pleno controle de seu destino. Não receber ordens, não ceder aos caprichos de ninguém, não ouvir "não" ou "você está errado".

Observam chefes que tocam o barco segundo as próprias decisões e imaginam como seria bom exercer esse tipo de liberdade e influência.

Mas a verdade é que, embora os gerentes tomem muitas decisões, elas têm como intuito o interesse da equipe; do contrário, não terão credibilidade nem eficácia. Não se dá carta branca a um líder sem que ele seja responsabilizado pelas más decisões que tomar – proprietários verão seus negócios comprometidos; CEOs de empresas públicas serão dispensados pela direção.

Tive pessoalmente essa experiência, ainda nova na função de gerente, durante as primeiras etapas de uma proposta de produto. Certa vez, voltando para casa do trabalho, uma ideia brilhante me ocorreu de súbito. Tomou corpo em minha mente – qual seria o tom, o *design*, a reação do público. Entusiasmada, mal entrei em casa e fui esboçar meus pensamentos no papel. No dia seguinte, convoquei uma reunião com a equipe. Comuniquei a ideia aos outros *designers* e lhes pedi que transformassem meu esboço em uma proposta completa.

Tive a primeira impressão de que algo não ia bem quando, dias depois, examinei o trabalho já realizado. O andamento das coisas estava lento. As pessoas tinham interpretado o esboço de maneiras diferentes, e perdiam-se horas em conversas que não levavam a lugar nenhum sobre as *features* dos produtos, ou seja atributos dos produtos. Achando que não havia me expressado bem, procurei deixar claro o que tinha em mente. Outra semana se passou e, infelizmente, os resultados não foram muito melhores.

Descobri então qual era a raiz do problema: nenhum dos *designers* havia "comprado" minha ideia. Não acreditavam que ela daria certo. Por isso, o trabalho se arrastava, sem alma nem coração. Aprendi na ocasião uma de minhas primeiras lições de gestão: os melhores resultados surgem quando você inspira as pessoas a agir, e não quando lhes *diz* o que fazer.

OFERECERAM-ME UM CARGO DE GERENTE

Talvez sua empresa esteja contratando funcionários em número tão grande quanto o de final de ano. Talvez seu gerente tenha agora quinze deles sob seu comando e precise desesperadamente de alguém que o ajude. Talvez você seja bastante respeitado e considerado talentoso, de modo que poderá ser o escolhido. Sem dúvida, a maravilhosa oportunidade o entusiasma. Mas cuidado com a armadilha da obrigação. "Devo" ou "posso" não são motivos suficientes. Você quer mesmo isso?

Querer foi o que me levou a ser uma gerente e tudo correu bem, porque eu, de fato, *gosto* de gerenciar. E foi isso também que me convenceu a convidar minha melhor *designer* para ser gerente. Ela disse "sim" porque trabalhava em equipe e não desejava que essa equipe desanimasse, porém, não se enquadrava na função e, ao final, todos pagaram o preço quando ela decidiu ir embora.

Se você não tem certeza de que a gestão é o melhor caminho a seguir, há maneiras de se obter uma ideia melhor da função, como ajudar outros membros da equipe, acompanhar um estagiário ou conversar com novos gerentes a fim de conhecer a experiência deles. Se aceitar o cargo e perceber depois que não é o que quer fazer, tudo bem. Diga a seu chefe, com sinceridade, quais são seus objetivos e peça-lhe que o ajude a explorar caminhos de carreira alternativos.

DIFERENÇA ENTRE LIDERANÇA E GESTÃO

Quando iniciei o trabalho, pensava que *gerente* e *líder* fossem sinônimos. Gerentes lideram e líderes gerenciam, certo?

Errado. O *gerente* tem uma função específica, assim como um *professor do ensino fundamental* e um *cirurgião cardíaco* têm as deles. Como já dissemos, existem princípios muito claros sobre o que um gerente faz e como seu sucesso é auferido.

A *liderança*, por outro lado, pressupõe uma capacidade especial: orientar e influenciar outras pessoas.

"O bom líder é aquele que evita os holofotes e usa seu tempo e energia para apoiar e proteger outras pessoas", escreve Simon Sinek em *Leaders Eat Last*. Em troca, "oferecemos nosso sangue, suor e lágrimas para fazer tudo quanto pudermos a fim de ver a ideia de nosso líder ganhar vida".

Assim, o gerente que não sabe influenciar pessoas não será bem-sucedido em melhorar o rendimento da equipe. Portanto, um grande gerente é também, sem dúvida, um líder.

Por outro lado, um líder não precisa ser um gerente. Qualquer pessoa pode exibir dons de liderança, não importando sua função. Pense em um vendedor de loja que conduz os clientes a um lugar seguro logo após o alarme tocar em um *shopping*, advertindo sobre a aproximação de um ciclone. Pense em um cidadão engajado que vai de porta em porta para convencer os vizinhos a se juntar a ele em um protesto contra determinada decisão do governo. Pense em gerações e gerações de pais e mães que ensinam os filhos a agirem como adultos responsáveis.

Se você observar bem seu próprio ambiente de trabalho, é provável que possa colher inúmeros exemplos de liderança: um funcionário que, ante queixas dos consumidores, coordena alguma solução, que reúne a contribuição de várias equipes; um membro da equipe que junta um grupo para trabalhar em uma nova ideia; um veterano na empresa que todos consultam como se ele fosse um oráculo de sabedoria. Se conseguir apresentar um problema e convencer os outros a trabalhar com você para resolvê-lo, então estará liderando.

A liderança é mais uma qualidade que uma função. Somos todos líderes e seguidores em diferentes momentos da vida. Vários aspectos deste livro serão úteis para aqueles que quiserem crescer como líderes ou gerentes – e grandes gerentes devem cultivar a liderança não apenas em si mesmos, mas também em sua equipe.

Essa distinção é muito importante porque, enquanto o papel de gerente pode ser dado a alguém (ou tirado dele), a liderança não pode ser negociada. As pessoas precisam *querer* seguir o líder.

Você pode ser o gerente de uma pessoa, porém, se ela não confiar em você nem o respeitar, sua capacidade de influenciá-la será mínima. Eu não me tornei "líder" no exato momento em que meu título mudou oficialmente. Ao contrário, alguns de meus subordinados se mostraram céticos a princípio; por isso, precisamos de tempo para criar um relacionamento sólido.

Nos primeiros dias de gestão, o que mais importa é a transição suave para o novo papel e a percepção do que é preciso para liderar uma pequena equipe. Somente depois de ganhar a confiança dos subordinados é que você terá credibilidade para ajudá-los a produzir mais juntos.

Capítulo Dois

O Primeiro Trimestre

EVITE

ALMEJE

Sempre que um novo gerente entra para a equipe, minhas perguntas favoritas, alguns meses depois, são estas: O que foi mais desafiador do que você esperava? O que foi mais fácil do que supunha?

Para a primeira pergunta, um gerente riu e citou um cartaz que estava pregado em nossa parede: "Um dia parece uma semana". Essa resposta era uma variação da frase que eu ouvia com mais frequência: "Há muito que aprender e estou sobrecarregado".

Quanto ao que tinha sido mais fácil que o esperado, as respostas eram as mais variadas. Um ex-funcionário, agora gerente, me disse estar feliz por já conhecer todos os membros da equipe e o trabalho que faziam. Um gerente novo na empresa reconheceu que os colegas o ajudavam muito, respondendo às suas perguntas de "novato".

Não importa como você conseguiu sua nova função, parabéns! Se conseguiu, é porque alguém acreditou em você e em seu potencial para liderar uma equipe (na verdade, *muitas* pessoas devem ter acreditado). Do contrário, você não estaria lendo este livro.

É provável que tenha acontecido com você uma destas quatro coisas:

- **O aprendiz:** a equipe de seu gerente está crescendo e você foi chamado para chefiar uma parte dela.
- **O pioneiro:** você é membro-fundador de um novo grupo e agora é responsável pelo desenvolvimento dele.
- **O novo chefe:** você foi convidado a liderar uma equipe já formada, na empresa onde trabalha ou em outra.
- **O sucessor:** seu gerente decidiu sair e você ficou no lugar dele.

Dependendo do que tenha ocorrido, diferentes coisas podem ser mais fáceis ou mais difíceis para você no primeiro trimestre. A seguir, aprenda um pouco mais sobre o que esperar de cada uma dessas aventuras.

O APRENDIZ

Quando a equipe cresce, crescem também as oportunidades para novos gerentes. Eu percorri esse caminho quando minha líder, Rebekah, concluiu que precisávamos de apoio após a equipe ter dobrado de tamanho.

Vantagens

Essa é quase sempre a maneira mais fácil de fazer a transição para a gestão. Como seu gerente observou bem a equipe e conhece todos os membros, você contará com mais apoio do que em outros cenários de transição.

Quando comecei, Rebekah me passou uma lista de nomes e disse: "Eis as pessoas que, a meu ver, devem estar em sua equipe". Hoje percebo que ela planejou minha transição com consciência. O plano foi me fazer começar com uns poucos subordinados que, na opinião dela, eu poderia liderar sem problemas, garantindo assim meu sucesso (e inclusive, ajudando-me a construir um bom relacionamento com meu a princípio cético subordinado desde aquela reunião 1:1).

Nos primeiros meses, Rebekah foi minha caixa de ressonância constante. Quando eu não sabia bem como responder a uma pergunta ou quando surgia uma situação para a qual não me achava preparada, lá estava ela para me ajudar. Se você vai fazer a transição como aprendiz, elabore com seu gerente um plano para o início. Eis algumas questões a discutir:

- Qual é, para início de conversa, meu objetivo e como ele poderá mudar com o tempo?
- Como comunicar minha transição?
- O que preciso saber sobre as pessoas que vou liderar?
- Que objetivos importantes da equipe, ou processos, devo ter em mente e ajudar a concretizar?
- Como devo avaliar meu sucesso nos primeiros trimestre e semestre?
- Como nós dois entraremos em acordo sobre quem fará o quê?

Você sabe o que funciona ou não. Como já tem uma boa ideia de como sua equipe trabalha – como são as reuniões, como se tomam as decisões, como são os membros da equipe –, já pode assumir a função com uma boa quantidade de informações.

Um ótimo exercício para fazer no início da transição é sentar-se e elaborar uma lista de tudo o que o impressiona no atual estado de coisas. Todos se saem bem? Seus processos são eficazes? Sua equipe é conhecida por um trabalho rigoroso, de alta qualidade?

Em seguida, faça uma lista de todas as coisas que poderiam ser melhoradas. Sua equipe respeita prazos? As prioridades parecem estar sempre mudando? Ninguém gosta de comparecer às reuniões semanais?

Essas duas listas lhe permitirão dar início a um plano quanto àquilo que deve ou não mudar. Você não precisa consertar o que não está apresentando problemas, mas também não deve se sentir preso a uma máquina do tempo onde impera o *sempre foi assim*. Afinal, foi por isso que assumiu o cargo! Reservar um tempo para refletir sobre as melhores oportunidades de aprimoramento o ajudará a agir como um agente multiplicador para sua equipe.

Você pode se aperfeiçoar rápido porque está contextualizado. Ao contrário de um gerente que vem de fora, você já entende bem a equipe – não apenas como ela trabalha, mas também seus objetivos e os projetos em curso. Por isso, não precisa de muito tempo para ouvir nem aprender: pode começar a ser útil mais cedo.

O que esperar

Pode parecer estranho estabelecer uma nova dinâmica com antigos colegas. Antes, você era apenas mais um membro da equipe. Agora, é o chefe, o que significa uma mudança no relacionamento com os colegas. Quando comecei, eis os desafios que encontrei, sobretudo com subordinados que eu considerava amigos.

> **O papel de** *coach.* Seu papel inclui agora entender os objetivos profissionais dos antigos colegas, quais projetos são adequados às habilidades e aos interesses deles, de que tipo de ajuda precisam e como se comportam em relação às expectativas. Em princípio, pode parecer estranho, e até constrangedor, perguntar a um antigo amigo ou colega de trabalho: "O que você pretende realizar no prazo de um ano?" ou "Que habilidades você acha que tem?", em particular se nunca conversaram sobre essas coisas antes.
>
> Mas não evite essas conversas, ainda que sejam desconfortáveis. Procure entender as preocupações dos novos subordinados. Comente o que estão fazendo bem e em que podem melhorar (falaremos sobre isso mais adiante).

Imagine-se um *coach* cuja função é apoiar a equipe para que ela alcance seus objetivos.

Conversas difíceis. Quando, antes, eu falava aos meus colegas sobre o trabalho deles, dava aos *feedbacks* críticos uma aparência de sugestão:

— Sim, é uma boa ideia, mas você levou em consideração...?

Eu sabia que, no final das contas, a decisão era deles. Quando me tornei a gerente dos meus colegas, achei difícil mudar essa atitude, mesmo quando necessário.

O relacionamento entre gerente e subordinado não é como o relacionamento entre colegas. Você agora é responsável pelos resultados da equipe, incluindo todas as decisões que ela toma. Se algo estiver atrapalhando um grande projeto, você precisa abordar o problema com delicadeza, mas de modo direto. Isso talvez implique fornecer às pessoas *feedbacks* difíceis ou dar telefonemas em um tom um tanto agressivo. Quanto mais cedo você entender que é responsável pelos resultados da equipe, mais fácil se tornará ter essas conversas.

Pessoas que o tratam de maneira diferente ou não lhe dão todas as informações. Fiquei surpresa ao constatar que meus colegas, antes tão abertos comigo a respeito de tudo, de repente pareciam me dar menos informações depois que passei a liderá-los. Nem sempre me contavam que tinham problemas e aborrecimentos ou que haviam se desentendido com outro membro da equipe. E, se encontrava dois deles conversando a respeito de alguma coisa, eles se calavam e me olhavam com um ar de constrangimento. Eu achava difícil ter uma visão clara do que estava acontecendo no ambiente de trabalho.

Com o tempo, porém, concluí que aquilo era normal. Meus subordinados não queriam me aborrecer nem confessar que tinham problemas. Cabia a mim me esforçar para estabelecer um relacionamento de confiança (assunto do próximo capítulo).

É difícil harmonizar sua colaboração individual com a gestão. No início, você raramente dispõe de uma grande equipe. O mais provável é que comece com alguns subordinados e vá contratando outros com o tempo. Isso significa que, no começo, a maioria dos gerentes acaba assumindo responsabilidades dos subordinados. Além de apoiá-los, continua a "vender limonada".

Achei que esse fosse um bom arranjo. Temia que, se parasse de fazer o trabalho de *design*, aos poucos perderia minha habilidade, o que me impediria de ser uma líder de sucesso. Infelizmente, o engano que cometi – e que quase todos os gerentes cometem em princípio – foi fazer o trabalho dos outros além do limite aceitável.

Quando minha equipe já tinha uns seis membros, eu ainda era a principal *designer* de um projeto complexo, que exigia muitas horas semanais. Como minhas responsabilidades de gerente também aumentavam, toda vez que algo fora do normal acontecia – um subordinado precisando de atenção pessoal ou a equipe com muitos relatórios para preparar na semana –, eu não tinha tempo suficiente para me dedicar ao projeto. A qualidade do meu trabalho sofreu com isso, meus colegas ficaram frustrados e os malabares que eu tentava desesperadamente manter no ar foram ao chão.

Por fim compreendi que devia renunciar a ser ao mesmo tempo gerente de *design* e *designer*, pois, tentando fazer as duas coisas, não fazia bem nenhuma. Não aprenda isso do modo mais difícil; quando sua equipe já tiver quatro ou cinco membros, planeje as responsabilidades de todos a fim de ser o melhor gerente para eles.

O PIONEIRO

Você foi um dos primeiros a enfrentar o desafio que agora se tornou um grande esforço de equipe. O crescimento é um sinal de que as coisas vão bem, portanto, orgulhe-se do que fez! Você pode ser o fundador de uma *startup* que passou de três gatos-pingados em uma garagem para dez funcionários em tempo integral, ou então o primeiro contador contratado de uma empresa na qual está criando um departamento de finanças do zero. Enquanto sua equipe aumenta, tenha em mente o que se segue.

Vantagens

Você fez o trabalho e sabe quanto ele custou. Você foi o primeiro, o original, o alfa; ninguém conhece melhor esse trabalho, pois você ajudou a defini-lo. Agora, é preciso chegar ao próximo nível.

Para ter sucesso, você vai precisar transmitir aos outros todos os valores e *know-how* (conhecimentos) que acumulou. Nos primeiros dias, certifique-se de que está ajustando, com a nova equipe, quais objetivos, valores e processos devem ser implementados. Eis algumas perguntas que deve fazer a si mesmo, como preparação:

- Como devo tomar decisões?
- O que é, para mim, um trabalho bem-feito?
- Que responsabilidades assumo quando estou sozinho?
- O que é difícil ou fácil nesta função?
- Que processos são necessários agora que a equipe está aumentando?

Você precisa ter a equipe de sua escolha. Um dos privilégios do pioneiro é que ele pode escolher as pessoas com quem deseja trabalhar e a maneira de trabalhar com elas. Em vez de herdar uma equipe, ele cria a sua. Reflita bem sobre as pessoas e o ambiente que quer criar e pergunte-se:

- Que qualidades desejo nos membros da equipe?
- Que habilidades a equipe precisa ter para complementar as minhas próprias?
- Como será e como funcionará essa equipe dentro de um ano?
- Como vão evoluir meu papel e minhas responsabilidades?

O que esperar

Talvez você não tenha muito apoio. A vida de um pioneiro é repleta de aventuras e solidão. Pense no primeiro *designer* de uma empresa encarregado de desenvolver uma disciplina de experiência de usuário. A quem ele recorrerá se tiver perguntas sobre como contratar e liderar outros *designers*? Ele é o único de sua espécie! Como pioneiro, você se vê continuamente sozinho em um novo e desconhecido território. Mas não significa que não possa pedir ajuda.

Embora seja o único gerente fazendo o que faz na empresa, há dois outros grupos a que pode recorrer em busca de apoio: colegas gerentes que desempenham funções relacionadas à sua e gerentes da mesma área de atuação fora da empresa.

No Facebook, a equipe de engenharia costumava ser maior que a de *design*. Quando eu me deparava com um novo desafio – por exemplo, as reuniões semanais da equipe já não funcionavam ou meus subordinados exigiam clareza quanto às suas oportunidades de carreira –, recorria aos meus amigos gerentes da engenharia e lhes perguntava se já haviam enfrentado problema semelhante. Oito vezes em dez, a resposta era: "Tivemos, sim, esse problema há três anos, quando éramos do tamanho da sua equipe. E eis o que aprendemos".

Fora da empresa, se mantiver contato com um grupo de líderes em funções semelhantes, você poderá contar com uma valiosa rede de apoio. Um amigo meu, empresário, diz que faz um "treinamento informal de CEO" em almoços informais com outros donos de empresas. Eu mesma tomo com frequência um café com gerentes de *design* de empresas como Google, Airbnb e Amazon; discutimos desafios comuns no ramo do *design* ou novas tendências que vão surgindo. Não mencionamos detalhes do trabalho, mas falar de negócios com quem faz a mesma coisa sempre me ensina muito.

É difícil harmonizar sua colaboração individual com a gestão. Ver descrição em "O Aprendiz", pp. 55.

O NOVO CHEFE

A equipe o recebe bem como novo líder – o que não é pouca coisa! Se estiver nessa situação, é quase certo que tem experiência anterior como gerente. As empresas não costumam contratar pessoas inexperientes para gerenciar equipes já formadas. Presumindo-se que o trabalho não seja totalmente novo para você, ainda assim há alguns detalhes a considerar.

Vantagens

As pessoas vão lhe dar um desconto no início. Aqui, a maior vantagem é que o recém-chegado dispõe de um prazo de tolerância, em geral cerca de três meses, em que todos reconhecem que ele é novo no pedaço. Não se espera que você saiba tudo, logo de início, sobre o trabalho das pessoas e a estratégia atual. Seus equívocos serão tolerados e você descobrirá que os colegas têm boa vontade para ajudá-lo a apressar o passo. Tire vantagem de suas credenciais de novato para fazer o máximo de perguntas ao maior número possível de pessoas. Você talvez se sinta coagido a ficar quieto e não chamar atenção até "saber o bastante" – mas, se seu objetivo é progredir depressa, precisa fazer de tudo para se integrar.

Se deseja trabalhar próximo de alguém, descubra se essa pessoa está disposta a encontrar-se com você para se conhecerem e, também, para compreender quais sãos as prioridades dela. Se não sabe ao certo com quem vai trabalhar, peça a seu gerente uma lista de colegas com quem possa fazer contato.

Não hesite em fazer perguntas, mesmo que imagine ser a única pessoa a não saber a resposta (por exemplo: "O que significa CI?"[1]). Às vezes, uma pergunta facilita a resposta a outra. Durante uma discussão particularmente animada sobre um plano de marketing, um gerente recém-chegado à equipe indagou: "Desculpem a pergunta, mas sou novo aqui. Alguém pode me explicar o que pretendemos com esse lançamento?"

---

1   Colaborador individual. (N. do T.)

Essa pergunta fez com que nos detivéssemos por um instante. Envolvidos com os detalhes do lançamento, havíamos ignorado que talvez nem todos estivessem a par do objetivo maior. No fim da discussão, um membro antigo da equipe disse em tom de espanto ao novo gerente: "*Eu* nem tinha ligado ainda os pontos sobre o que pretendíamos! Sua pergunta veio muito a calhar!"

Você começa com uma página em branco. No último trabalho, você tinha a fama de indeciso ou teimoso? Então, agora que vai recomeçar, aproveite a chance de estabelecer novos vínculos e remodelar sua identidade.

Isso também funciona para o outro lado. Alguns dos subordinados não desperdiçarão a oportunidade de criar o tipo de relacionamento gerente-subordinado que sempre desejaram. Mantenha sempre a mente aberta e um estado permanente de curiosidade quando se reunir com alguém.

Uma gerente nova na função, minha amiga, ouviu de um colega que um de seus subordinados era "inferior à média". Ela agradeceu a informação ao colega, mas resolveu tirar as próprias conclusões. Pelos seis meses seguintes, desenvolveu um fantástico relacionamento com o subordinado, que progrediu muito sob sua orientação: em um ano, foi promovido a líder de grupo.

Para tirar vantagem de uma página em branco, dê a todos o benefício da dúvida, não importa o que lhe digam. Felizmente, eles vão querer fazer o mesmo com você. Também seja franco – sobretudo com seus subordinados – quanto ao tipo de relacionamento que deseja construir e de gerente que pretende se tornar. Esses tópicos são fáceis de debater frente a frente, antes do estabelecimento de padrões e rotinas. Nas primeiras reuniões 1:1, faça aos subordinados as seguintes perguntas, a fim de entender qual seria o "gerente dos sonhos" deles:

- O que achou mais útil nas discussões entre você e seu antigo gerente?
- De que maneira gostaria de ser ajudado?
- Que reconhecimento você espera de um trabalho bem--feito?
- Que tipo de informação o auxilia mais?
- Imagine que vamos ter um ótimo relacionamento. Como seria ele?

O que esperar

Ajustar-se às normas de um novo ambiente exige tempo. Não importa quanto talento você tenha, aprender como uma nova equipe demora um pouco, quer esteja começando em uma empresa diferente ou assumindo outra função na mesma. Um dos maiores equívocos dos novos chefes é pensar que precisam chegar com tudo e impor sua opinião logo de início, para mostrar sua capacidade.

Na realidade, com essa atitude, o tiro costuma sair pela culatra. Poucas coisas são mais desagradáveis do que alguém que gasta o tempo de todos tentando provar que sabe algo, quando, na verdade, a opinião não tem fundamento nenhum.

Nos primeiros meses, sua principal função é ouvir, perguntar e aprender. Os gerentes novos de minha equipe sempre me dizem que desejam, sobretudo, saber como harmonizar suas expectativas com "o que é normal". Uma maneira eficaz de fazer isso é contemplar cenários específicos em companhia de seu próprio gerente. Eis algumas perguntas a fazer:

- O que significa realizar um grande trabalho em vez de um trabalho mediano ou de nível inferior?
- Poderia me dizer qual foi o resultado do projeto X ou da reunião Y? Por que você pensa assim?
- Notei que, um dia destes, Z... Isso é normal ou devo me preocupar?
- Quais são suas preocupações mais prementes? Por quê?
- Como você prioriza tarefas?

Você precisa investir em novos relacionamentos. Como novo chefe de uma nova equipe, você volta à estaca zero quando se trata de inspirar confiança. Além dos muitos nomes e rostos que precisa reconhecer, há a sensação de ser um estranho. Todos os colegas se conhecem, mas você ainda não está à vontade com o grupo. Pode ser um grande desafio, ainda mais ao sentir que as pessoas não estão se abrindo inteiramente com você.

Uma tática que um de meus amigos emprega para combater essa tendência é "enfrentar o elefante na sala": "Como sou novo, talvez você não se sinta à vontade para compartilhar tudo comigo logo de início. Mas espero ganhar sua confiança com o tempo. Começarei falando sobre mim mesmo, contando inclusive qual foi meu maior fracasso...". Gosto dessa história, porque é um resumo do "mostre, não explique". Há melhor maneira de dizer que não há nada de errado em falar sobre tudo do que, logo no começo, revelar uma vulnerabilidade pessoal?

Um grande relacionamento não acontece da noite para o dia. No próximo capítulo, vamos nos aprofundar mais nos elementos que favorecem a confiança.

Você não conhece o trabalho nem o que ele exige. Quando aceitou o trabalho, não podia prever a exata natureza da equipe, da função e do ambiente. Agora que está nele, talvez as tarefas e os desafios não sejam bem aquilo que você esperava.

Nessa situação, a melhor política é ser honesto com seu gerente sobre o que está ou não funcionando para você, e entender as expectativas dele quanto ao seu progresso. Um gerente novo em minha equipe certa vez me confidenciou que enfrentava mais dificuldades com os colegas do que havia esperado e, em consequência, não conseguia influenciar a tomada de decisões.

Uma vez que encarou o fato proativamente, pudemos elaborar um plano para ele ter conversas honestas com seus parceiros. Não demorou e todos, ao saber de suas preocupações, fizeram um esforço extra para incluí-lo nas discussões, dando-lhe várias dicas sobre como poderia se comunicar melhor. Em uma semana, as coisas mudaram bastante, e seu progresso foi bem mais fácil depois disso.

O SUCESSOR

A transição do sucessor lembra a do aprendiz, mas com uma diferença: seu gerente está de saída e você deve apoiar a equipe inteira, não apenas parte dela. Muitos sucessores têm experiência anterior em gestão, mas ainda assim a nova responsabilidade agora é bem maior e você pode achar que não está à altura dela.

Embora as vantagens dessa transição se pareçam com as do aprendiz (você tem uma noção sobre o que funciona ou não e pode progredir com rapidez, porque conhece o contexto, conforme descrito antes), as diferenças não poderiam ser mais gritantes.

O que esperar

Pode parecer estranho estabelecer uma nova dinâmica com antigos colegas. Ver descrição em "O Aprendiz", pp. 55.

O aumento de responsabilidade pode parecer um peso excessivo. Não é raro sentirmos que demos um passo maior que a perna. Afinal, agora querem que você faça o trabalho de seu ex-chefe. E, apesar de saber o que isso significa, muitos sucessores ficam surpresos com o tamanho da tarefa que herdaram. "Eu não tinha ideia do que meu ex-gerente fazia para nos blindar contra as exigências de outras equipes", disse-me uma colega, perplexa, depois de se tornar a sucessora. "Sou pressionada de todos os lados e só agora percebo quanto trabalho ele teve nos bastidores para controlar as coisas."

Não exija demais de você e peça ajuda, tanto ao seu novo gerente quanto aos colegas (mais sobre o assunto no capítulo cinco: *Gerencie-se*). Convém também comunicar aos colegas que eles devem esperar o período de transição acabar, pois assim você terá assumido o controle total das coisas. Um amigo meu repetia nas primeiras semanas: "Nosso último gerente deixou muito por fazer e, embora eu vá dar o melhor de mim, enfrentarei sem dúvida vários obstáculos pelo caminho. Quero pedir-lhe que me ajude e apoie durante esse período". Deixar tudo claro dessa maneira faz os outros entenderem seus problemas e oferecerem ajuda até você se adaptar às novas funções.

Você se sente pressionado a fazer tudo exatamente como seu ex-gerente fazia. Dado que a lembrança de como eram as coisas ainda está fresca na memória da equipe, é fácil cair na armadilha de pensar que é necessário manter o *status quo*. Você talvez sinta que os outros querem vê-lo se sair tão bem em tudo quanto o ex-gerente, embora você seja outra pessoa.

Para melhorar é preciso mudar; então, não hesite em deixar o passado para trás e lembre-se do antigo provérbio: "Seja você mesmo, os outros são os outros". Você terá muito mais sucesso sendo o líder que *quer* ser, graças às suas próprias habilidades, do que tentando materializar ideais alheios.

Quando um gerente muito querido de nossa equipe, Robyn Morris, saiu após muitos anos para ir atrás de outra paixão, conversei com uma de suas sucessoras sobre a falta que ele nos fazia e como sentíamos sua ausência.

Ela me disse: "Ninguém poderá substituir Robyn por completo, ainda bem. Mais pessoas por aqui vão precisar se esforçar para preencher as lacunas que ele deixou". De fato, um ano depois, a equipe voava alto e era maravilhoso ver como aquela gerente e os colegas tinham evoluído como líderes.

———

Seu primeiro trimestre como gerente é um período de transição intenso. No final, o dia a dia começa a parecer familiar – você vai se adaptando a novas rotinas, investindo em novos relacionamentos e aprendendo a ajudar ainda mais sua equipe.

Mas o tempo não é suficiente para deixar uma pessoa à vontade. A sensação de ser um novato pode durar meses ou anos. Gerentes novos às vezes me perguntam: "Vai demorar muito para eu saber o que estou fazendo? Eu respondo com franqueza: "No meu caso, foram três anos".

Nos próximos capítulos, estudaremos os principais aspectos da função de um gerente – desde orientar subordinados até contratá-los; desde organizar reuniões até combater a ansiedade. De mãos dadas com a experiência do *realizar*, o objetivo das histórias, dos princípios e exercícios que se seguem é transformá-lo, depois dos primeiros noventa dias, no gerente que você quer ser.

Capítulo Três

Gestão de Uma Pequena Equipe

Quando minha equipe era composta por oito pessoas, fazíamos uma reunião semanal que chamávamos de "crítica".

Embora essa reunião durasse 90 minutos, era um de meus momentos favoritos da semana. A equipe se sentava em volta de uma mesa na sala de conferências, com uma TV gigante. Determinávamos a ordem de apresentação – sentido horário ou anti-horário –, e alguém se oferecia como voluntário para iniciar a sessão. Depois de ligar o *laptop*, o apresentador mostrava na tela seu último trabalho.

Enquanto o *designer* descrevia o problema que tivera de resolver e mostrava como havia chegado a uma solução, observávamos os detalhes daquele protótipo para o futuro. Imaginávamo-nos como usuários comuns, levantando-se de manhã e tendo aquela nova experiência em mãos. O que víamos primeiro? O que era claro ou confuso? O que poderia tornar o trabalho ainda melhor?

Após uma breve introdução, começavam as críticas. Qualquer um na sala podia apresentar perguntas, preocupações ou sugestões estratégicas, como: "O problema que vai ser resolvido aqui é realmente importante?", ou táticas, como: "O conjunto de itens deve ser mostrado como grade ou como lista?"

A equipe discutia e debatia. Oferecíamos ideias novas para motivar o aprimoramento da experiência. Trazíamos exemplos similares como sugestão. Juntávamos os pontos de projetos em que vários *designers* estavam trabalhando. Na melhor das hipóteses, a crítica era honesta, criativa e profundamente colaborativa. E, no fim, o apresentador tinha uma sequência bastante clara dos próximos passos a dar. Chegava então a vez do próximo *designer*, e o processo se repetia, até que todos tivessem a chance de apresentar seu trabalho e receber *feedbacks*.

Para mim, essa reunião sempre soou como o resumo do que eu mais gostava na função de gerenciar uma equipe pequena. Roma não se fez em um dia, e você não começa a carreira de gerente postando-se diante de uma sala cheia e já vertendo uma visão de dez anos de experiência sobre as pessoas. Não, a maioria dos gerentes começa gerenciando pouca gente. Você vai cultivando aos poucos um ambiente de confiança enquanto mergulha nos detalhes do trabalho. Essa equipe, todos se conhecem, e duas pizzas bastam para alimentar o grupo.

Gerenciar uma equipe pequena significa dominar alguns fundamentos básicos: desenvolver um relacionamento saudável entre gerente e subordinado, e criar um clima de solidariedade. Neste capítulo, abordaremos as características dessas habilidades.

TUDO SE RESUME A PESSOAS

Você se lembra da definição de gestão? A tarefa do gerente consiste em *obter os melhores resultados de um grupo que trabalha em estreita colaboração*, influenciando propósitos, pessoas e processos.

Com uma equipe pequena, preservar um senso compartilhado de propósito é fácil. Não há muitos problemas de comunicação quando sua equipe cabe em volta de uma mesa. Isso lhe permite se concentrar nas pessoas e no processo. Desses, as pessoas são, de longe, as mais importantes.

O que leva alguém a fazer um bom trabalho? Parece uma pergunta difícil, mas não é, como esclarece Andy Grove em seu clássico *High Output Management*. Ele reflete sobre a questão e pergunta: O que atrapalha um bom trabalho? Só há duas possibilidades. A primeira é *as pessoas não saberem como fazer um bom trabalho*. A segunda é elas saberem, mas *não estarem motivadas*.

Vamos dar um passo à frente. Por que alguém não saberia fazer um bom trabalho? A resposta óbvia é que essa pessoa talvez não tenha as habilidades necessárias para a tarefa. Se você precisa pintar sua casa e contrata um contador, não deve se espantar se a pintura ficar toda manchada. Quem é treinado em contabilidade não tem necessariamente experiência para ser um bom pintor de paredes. Como gerente, você pode fazer uma destas duas coisas: ajudar seu subordinado a adquirir as habilidades necessárias ou contratar alguém que já as tenha.

Por que uma pessoa não estaria motivada a fazer um bom trabalho? Uma resposta possível é que ela não tem uma visão clara do que seja isso. Outra possibilidade: a função não responde às suas aspirações. Ela *pode* fazer aquele trabalho, mas gostaria de estar fazendo outra coisa. Ou talvez pense que nada mudará se ela se esforçar: não haverá recompensas se as coisas melhorarem nem penalidades se ficarem como estão. Por que, então, se preocupar?

O primeiro passo para entender as causas de um trabalho medíocre é diagnosticar os problemas das pessoas que estão por trás dele. É questão de motivação ou de capacidade? Não precisa ser um processo complicado. Você pode entender o que acontece com algumas conversas com o subordinado. Primeiro, tente descobrir se as expectativas dele são iguais às suas: *bom trabalho* significa o mesmo para os dois? Em seguida, determine se o problema é motivação. Se nenhuma das duas coisas resolver o problema, reflita mais a fundo se a questão não envolve capacidade.

Nada disso funciona, é claro, caso vocês dois não conversem de maneira honesta e construtiva. Não importa o trabalho que você faça ou o tamanho da equipe, saber diagnosticar e resolver problemas com os subordinados é essencial para o sucesso de todos. Isso começa, em primeiro lugar e sobretudo, com uma base sólida no relacionamento entre vocês dois.

O INGREDIENTE MAIS IMPORTANTE É A CONFIANÇA

"Se você não acreditar nas pessoas, a vida ficará impossível", disse certa vez o escritor Anton Chekhov. Isso se aplica a qualquer relacionamento – amizade, casamento, parceria – e, portanto, também ao que existe entre gerente e subordinado.

Parece óbvio, não? Mas é mais fácil dizer do que fazer, especialmente quando você é o chefe. Não importa de que modo encare a situação, você influencia mais o dia a dia da sua equipe do que ela o seu. Isso significa que a responsabilidade de construir um relacionamento de confiança depende mais de você do que dos subordinados.

Pense no relacionamento com seu próprio gerente. Quando as coisas não vão bem e você entra no escritório dele desanimado ou sobrecarregado, o que diz?

Se você for como eu fui durante os meus primeiros anos, a resposta é: nada. Eu não me sentia bem admitindo para minha gerente que estava com problemas. Não queria que ela pensasse ter se enganado ao confiar em mim. Se um dos projetos em que trabalhava não ia bem devido ao excesso de tarefas, eu pensava: "Ando fazendo malabarismos, mas não importa, tudo se ajeitará". E, enquanto isso, meu nível de estresse subia às nuvens por causa da quantidade de horas trabalhadas.

É da natureza humana desejar que o gerente pense bem de nós. Parecer um resmungão, um fracassado ou um funcionário problemático é uma daquelas coisas que você sabe que não devem acontecer.

O problema, é claro, se resume a isto: se seus subordinados não lhe contam como estão de fato se sentindo, você não pode ajudá-los – e, assim, não detecta os sinais de alarme que levarão, mais à frente, a um problema ainda maior. A insatisfação das pessoas permanece sob a superfície até que, em um belo dia, elas o surpreendem pedindo demissão. E, na maioria das vezes, quando isso acontece, elas não deixam apenas a empresa, mas você também.

Você pode evitar ser pego de surpresa, no entanto, ao desenvolver um relacionamento baseado em confiança, no qual seus subordinados se mostrarão completamente honestos com você, porque não duvidam de sua preocupação com eles. Mas só vai conseguir isso se as três declarações seguintes forem verdadeiras.

Meus subordinados sempre me informam sobre suas maiores preocupações. A marca de um relacionamento de confiança é as pessoas sentirem que podem compartilhar equívocos, desafios e medos com você. Quando encontrarem dificuldades em uma tarefa, elas vão procurá-lo para que, juntos, descubram a solução. Quando acham difícil colaborar com alguém, você fica sabendo disso por elas, não por fofocas de trabalho. Quando alguma coisa tira o sono delas, elas lhe contam do que se trata.

Uma de minhas colegas me relatou um teste simples para determinar a saúde dos relacionamentos: se ela pergunta a um subordinado como vão as coisas e a resposta, semana após semana, é "Tudo em ordem", ela encara isso como um sinal de alerta. É bem mais provável que o subordinado esteja hesitando em lhe informar sobre detalhes do que a vida dele, de fato, estar indo às mil maravilhas.

Meu subordinado e eu sempre compartilhamos informações, e nenhum dos dois leva isso para o lado pessoal. Se seu subordinado não faz um bom trabalho, você consegue lhe dizer isso com franqueza? Do mesmo modo, ele teria coragem de lhe dizer que você errou?

Meu amigo Mark Rabkin me deu uma dica excelente: torne todas as suas reuniões 1:1 um pouco constrangedoras. Por quê? Porque as conversas mais importantes e significativas são assim mesmo. Não é fácil discutir equívocos, enfrentar tensões ou falar sobre medos profundos e esperanças secretas. Entretanto, nenhum relacionamento sólido pode ser construído só com base em superficialidades agradáveis.

Não há palavras que podem contornar o constrangimento provocado por frases como "Não acho que você valorize meu trabalho" ou "Na semana passada, quando você me disse aquilo, percebi que não entende realmente meu projeto". Ora, essas coisas precisam ser ditas para que possam ser enfrentadas – e, havendo bastante confiança, as conversas ficam mais fáceis.

Imagine que esteja acompanhando sua melhor amiga às compras e ela apareça com uma horrenda blusa verde. "Como estou?", pergunta ela.

"Parecida com uma lagarta", é a resposta. Você não teme insultá-la, pois ela é sua melhor amiga e sabe que suas palavras foram ditas com afeto, e não com desprezo.

Você pensaria duas vezes para dizer a mesma coisa a uma estranha, já que as duas não têm uma história em comum e ela poderia ficar ofendida. Boas e repetidas experiências são necessárias para se chegar a um nível de confiança no qual as pessoas se tornem receptivas e construtivamente críticas uma com a outra. No próximo capítulo, discutirei mais a fundo como compartilhar essas críticas construtivas da melhor maneira possível.

Meus subordinados adorariam trabalhar comigo de novo. Um dos mais autênticos indícios da força de seu relacionamento é o fato de os subordinados, caso tenham essa oportunidade, desejarem você novamente como gerente deles no futuro. Quando você vê um gerente assumindo novas funções e levando consigo sua antiga equipe, isso diz muito sobre sua liderança.

Em pesquisas anônimas para averiguar a saúde da equipe, algumas empresas perguntam de forma explícita: "Você trabalharia de novo com seu gerente?". Se a empresa em que trabalha não faz isso, o simples fato de refletir sobre a questão já pode ser útil.

Você diria, confiante, que todos os seus subordinados gostariam de integrar novamente sua equipe? Se não estiver certo de que a resposta seja "sim", é bem provável que ela será "não" (é mais ou menos como se perguntasse: "Estou apaixonado?" A resposta sem dúvida seria negativa).

Você poderá também ter uma ideia aproximada da resposta perguntando a seu subordinado: "Em sua opinião, quais são as qualidades de um gerente perfeito?" Avalie então se você se enquadra na resposta. (Perguntar de forma direta "Gostaria de trabalhar para mim de novo?" rompe de imediato o constrangimento, mas não garante que a resposta seja totalmente honesta.)

TENTE AGIR COMO SER HUMANO, NÃO COMO CHEFE

Certa vez, compartilhei alguns *feedbacks* críticos importantes com um de meus subordinados, que era também gerente. Embora ele fosse bastante talentoso, percebi, observando sua equipe, que tinha tendência à microgestão. Seus subordinados gostariam que ele trabalhasse *por intermédio* deles, em vez de ficar apenas ditando os detalhes para o dia a dia de trabalho.

Quando eu lhe disse isso, vi-o murchar e o imaginei em uma batalha consigo mesmo enquanto reconstituía todas as interações que havia tido nas últimas semanas, perguntando-se o que fizera, em específico, para que as pessoas se sentissem dessa maneira.

Podia entender o que ele sentia, pois já me haviam dito a mesma coisa antes. Ele começou por me dizer o que pensava ter acontecido e o que talvez houvesse subestimado. "Entendo o que sente", repliquei. Ele me olhou como se eu tivesse dito algo muito profundo. "Entende mesmo?", perguntou. "Sim. Também passei por isso", confessei.

Citei então algo que acontecera no dia anterior, quando deixara de fazer um bom trabalho ao ultrapassar o limiar entre fornecer *feedbacks* úteis e insistir em detalhes. Ele pareceu aliviado ao fim da história. "Obrigado", disse. "Isso foi muito útil."

Sua reação me surpreendeu porque, sinceramente, não achei ter dito nada de aproveitável. Não discutimos nenhuma tática específica para enfrentar o problema. Tudo o que fiz foi admitir que, até certo ponto, eu também havia tido a mesma experiência.

Mas não esqueci a lição: não disparei contra ele uma saraivada de conselhos, e o que o impressionou naquele instante foi o fato de termos estreitado nosso relacionamento. Não agi como uma figura de autoridade, e sim como outra pessoa que também nadava pelas águas turvas da gestão. Graças a isso, formou-se um elo entre nós como indivíduos, e dali por diante tornou-se mais fácil discutirmos qualquer outra coisa.

A maneira de conquistar a confiança dos subordinados não difere em nada daquela com que você conquista a de outras pessoas, bastando que dê os seguintes passos.

Respeite seu subordinado e zele por ele

Há alguns anos, participei de um *workshop* liderado por um executivo sênior que tinha um impressionante currículo como gerente: em sua longa carreira, nenhum subordinado se demitiu para aceitar uma oferta da concorrência. Qual era seu segredo? "Se não aproveitarem mais nada do dia de hoje", concluiu ele, "lembrem-se pelo menos disto: *gestão é zelo*".

Se você não respeita sinceramente seu subordinado nem zela por ele, não há como esconder isso. Acredite em mim: ele percebe. Ninguém é tão bom ator a ponto de controlar os milhares de pequenos sinais que, de modo inconsciente, enviamos por linguagem corporal. Se você não acreditar, no fundo, que alguém vai se sair bem, não conseguirá convencê-lo de que confia nele.

Nesse ponto, notam-se algumas nuances. Quando comecei como gerente, supus que zelar por meu subordinado significasse apoiá-lo sempre que ele se desentendesse com alguém. Quando outros o criticavam, eu achava meu dever correr em sua defesa e deixar claro que estava a seu lado.

Mas apoiar e ajudar alguém não significa concordar sempre com ele ou arranjar desculpas para seus erros. As pessoas que mais me ajudaram a vencer na vida – pais, melhores amigos e gerentes – foram as que mais prontamente me disseram que eu estava errada. (Minha mãe sempre me lembra de que, apesar de minhas repetidas birras para tomar sorvete no café da manhã todos os dias, quando criança, sua firme recusa é o motivo de eu ter hábitos alimentares saudáveis hoje.)

Zelar significa fazer o melhor para ajudar seu subordinado a ser bem-sucedido e realizado no trabalho. Significa reservar um tempo para descobrir quais são as preocupações dele. Significa entender que não somos seres fragmentados, um para o trabalho e outro para casa – às vezes, o lado pessoal mescla-se ao profissional, e não há nada de errado nisso.

Outra característica do respeito é que este precisa ser incondicional, pois tem por alvo *a pessoa como um todo*, e não o que ela faz por você. Jamais conheci um gerente que não apoiasse, por completo, subordinados que considerasse grandes realizadores. É fácil estimar pessoas que brilham; é fácil se relacionar com elas. Mas o verdadeiro teste é: o que acontece quando elas têm problemas?

Se seu subordinado perceber que tem apoio e respeito devido a seu desempenho, achará difícil ser honesto com você quando as coisas forem mal. Se, por outro lado, você se preocupar com ele *incondicionalmente*, e nada puder mudar isso – nem mesmo o fracasso –, você será recompensado com honestidade.

Conheço pessoas que foram demitidas pelo gerente e ainda assim se dispõem a almoçar com ele a fim de pôr a conversa em dia. Somos mais que o produto de nosso trabalho em determinada equipe e em determinado momento, e o verdadeiro respeito reflete isso.

Reserve um tempo para ajudar seu subordinado

Os recursos mais preciosos que você tem são seu próprio tempo e energia; e, quando os aplica a sua equipe, dá um grande passo rumo à construção de relacionamentos saudáveis. Por isso, as reuniões 1:1 são uma parte importante da gestão. Recomendo uma reunião dessas com cada subordinado toda semana, por 30 minutos – ou por mais tempo ainda, caso necessário.

Mesmo que se sente perto de alguém e o veja todos os dias, assuntos que surgem na conversa 1:1 poderão nunca vir à tona

– por exemplo, o que o motiva; quais são suas aspirações profissionais no longo prazo; como essa pessoa se sente a respeito do trabalho etc. O 1:1 deve focar o subordinado e aquilo que pode ajudá-lo a ter mais sucesso, e não você e suas necessidades. Se seu desejo for melhorar seu *status*, use outro meio. Essas reuniões, quando não puderem ser frequentes, devem tratar de tópicos difíceis de se discutir em grupo ou por *e-mail*.

O 1:1 ideal é aquele que deixa, no subordinado, a sensação de que valeu a pena. Caso ele pense que a conversa foi agradável e nada mais, você vai precisar se esforçar mais. Lembre-se de que sua tarefa é ser um multiplicador para os subordinados. Se conseguir remover barreiras, oferecer uma perspectiva nova e valiosa, ou aumentar a confiança deles, estará capacitando-os a ter mais sucesso.

Como ter uma excelente conversa 1:1? A resposta é: preparação. É raro que uma conversa produtiva se dê sem que ninguém tenha planejado o que dizer. Sempre falo aos meus subordinados que desejo valorizar bastante nosso tempo juntos e que, portanto, devemos nos concentrar nos temas mais importantes para eles. Para começar, eis algumas ideias:

- **Discuta as principais prioridades.** Quais são, para seu subordinado, o primeiro, o segundo e o terceiro resultados mais importantes? Como você pode ajudá-lo a enfrentar esse desafio?
- **Entendam-se quanto ao sentido de "grandioso".** Vocês têm a mesma visão daquilo que querem? Estão em sincronia quanto a objetivos e expectativas?

- **Troquem *feedbacks.*** Quais *feedbacks* você pode fornecer para ajudar seu subordinado e o que ele pode lhe dizer para torná-lo mais produtivo como gerente?
- **Reflita sobre como vão as coisas.** De vez em quando, é útil ampliar a conversa e falar sobre o estado mental do subordinado. De que modo ele se sente no geral? O que o deixa satisfeito ou insatisfeito? Algum de seus objetivos mudou? O que ele aprendeu recentemente e o que deseja aprender no futuro?

É útil, tanto para o gerente quanto para o subordinado, examinar bem os tópicos que querem discutir na reunião 1:1. Tenho o hábito, todas as manhãs, de examinar minha agenda e fazer uma lista das perguntas que farei a cada pessoa com quem devo me encontrar.

Por que essa preocupação com as perguntas? Porque, para um chefe, a melhor maneira de entender o que está acontecendo é *perguntar*. Não presuma que já conheça o problema ou a solução. Muitas vezes, as tentativas de "ajudar" não ajudam em nada, mesmo que realizadas com a melhor das intenções. Todos nos lembramos de conversas em que as palavras entraram por um ouvido e saíram pelo outro, porque, obviamente, o interlocutor não entendia nosso problema real, ou a "ajuda" indesejada se resumia a ordens ou intromissão.

A tarefa do gerente não é distribuir conselhos ou "pôr ordem na casa" – é capacitar o subordinado a encontrar, ele próprio, a resposta. O subordinado conhece melhor o problema com que está lidando – portanto, está em melhor posição para resolvê-lo. Deixe-o conduzir a reunião 1:1 enquanto você ouve e analisa.

Eis algumas de minhas perguntas favoritas para seguir adiante com a conversa:

- **Identifique.** Estas perguntas contemplam aquilo que realmente importa para o subordinado e os tópicos nos quais vale a pena investir mais tempo.

  O que mais o interessa no momento?
  Sobre quais prioridades você tem refletido durante esta semana?
  Onde podemos empregar melhor nosso tempo hoje?

- **Entenda.** Uma vez identificado o tópico a ser discutido, as próximas perguntas chegarão à raiz do problema e esclarecerão o que pode ser feito a respeito dele.

  Qual é seu resultado ideal?
  Qual é sua dificuldade para chegar a ele?
  Com que você, de fato, se preocupa?
  Qual é, a seu ver, o melhor curso de ação?
  Qual é o pior cenário que imagina e teme?

- **Apoie.** As perguntas seguintes esclarecem como você pode prestar um grande serviço a seu subordinado.

Como posso ajudá-lo?

O que posso fazer para que você seja mais bem-sucedido?

Qual parte de nossa conversa hoje foi mais útil para você?

Seja honesto e transparente sobre o desempenho do subordinado

Como gerente, o que você acha do desempenho de seu subordinado ter muito mais peso do que a opinião dele sobre o seu. Afinal, é você que lhe prescreve tarefas e decide se ele vai ser promovido ou demitido.

Esse desequilíbrio de poder significa que cabe a você a responsabilidade de ser honesto e transparente quando se trata de avaliar o desempenho do subordinado.

Ele deve ter sempre uma noção clara das expectativas do gerente e da posição que deve ocupar. Se fica se perguntando "O que será que meu gerente pensa de mim?" a todo momento, você precisa esclarecer melhor suas opiniões quanto ao rendimento dele. Não presuma que ele saiba ler nas entrelinhas ou que ausência de notícias seja boa notícia. Se você acha que ele é um ótimo profissional, diga-lhe; se acha que o rendimento dele está aquém do esperado, diga-lhe também, bem como o motivo dessa sua opinião. Para detalhes sobre como dominar a arte de dizer o que de fato pensa, leia o próximo capítulo.

Admita seus erros e limites

Ninguém é perfeito, e os gerentes não são exceção. Você vai errar. Vai ofender pessoas. Às vezes, dirá coisas inoportunas e piorará a situação. Quando isso acontecer, não caia na armadilha de achar que, por ser o chefe, não pode admitir suas limitações ou fraquezas. Em vez disso, peça desculpas. Admita que meteu os pés pelas mãos e faça de tudo para melhorar no futuro.

Há algum tempo, um gerente muito respeitado com quem trabalhei distribuiu um memorando no qual afirmava que determinada equipe não estava trabalhando com a rapidez adequada. A frustração em seu tom era óbvia e, devido à posição dele, o comunicado teve um efeito desmoralizante. Alguém lhe confidenciou que ele havia ignorado a condição em que a equipe vinha trabalhando e que o tom de sua nota não tinha ajudado em nada. De imediato, ele pediu desculpas sinceras.

As pessoas esquecem o que você disse ou fez, mas não esquecem o que sentiram por causa disso, reza o ditado popular. Eu esqueci os detalhes do *e-mail*, mas ainda me lembro da diferença que as desculpas fizeram.

Em tempos difíceis, a melhor ajuda não são conselhos ou respostas, mas empatia. Eu não pensava assim no começo, pois, para mim, os líderes deviam sempre mostrar confiança e *know-how*. Diante de meus subordinados, achava que minha obrigação era agir como se soubesse perfeitamente o que fazer, mesmo não sabendo.

Brené Brown, pesquisadora especialista em coragem, vergonha e empatia, não pensa assim. Ela declara que revelar vulnerabilidade é uma demonstração de força. "A vulnerabilidade é como a verdade e a coragem. Coragem e verdade nem sempre são coisas fáceis – mas nunca são uma mostra de fraqueza."

Hoje, dou a mão à palmatória quando não tenho as respostas ou estou às voltas com meus desafios. Digo frases como estas:

- "Não sei a resposta. O que você acha?"
- "Quero pedir desculpas pelo que disse/fiz ontem..."
- "Nessa área, tenho minhas limitações..."
- "Creio que não poderei ajudá-lo a resolver esse problema. Você deve falar com..."

Descobri que, mostrando-me autêntica, sem varrer meus medos, equívocos e incertezas para debaixo do tapete, poderia construir relacionamentos de mais qualidade com meus subordinados.

AJUDE AS PESSOAS A DAR O MÁXIMO DE SI

Há alguns anos, tive uma conversa difícil com meu gerente Chris sobre o *design* de um produto que estávamos lançando. Ele havia insistido várias vezes que as propostas até então sugeridas eram muito complicadas.

Ele tinha razão. Meu diagnóstico foi de que estávamos indo muito rápido e ao mesmo tempo tentando acrescentar detalhes demais; por isso, o resultado passava essa impressão de nebulosidade. De minha parte, tentava fazer que a equipe eliminasse algumas *features*, enquanto procurava adiar o lançamento.

Lembro-me de ficar olhando para a parede, desanimada. Chris se calou por um momento e depois disse: "Não se esqueça de que você tem bons valores".

Não consigo, até hoje, descrever a força que essas simples palavras tiveram. Ele poderia ter dito dezenas de outras coisas para me fazer sentir melhor: "Você vai sair dessa", "Não é tão ruim quanto pensa" ou "Eis aqui algumas outras opções a se levar em conta". Mas o que ele acabou dizendo foi só para *mim*, e era algo em que realmente eu acreditava. Não importava se minhas opiniões estavam sempre certas ou não; a convicção de que elas se baseavam em princípios sólidos restaurou parte da segurança que eu havia perdido. Reconhecendo essa minha força, Chris trouxe de volta minha motivação.

Nos anos seguintes, sempre recordei a frase *Você tem bons valores* muitas e muitas outras vezes – quando me perguntava se devia dar uma opinião contrária, quando encontrava forte resistência a uma proposta, quando me via diante de um novo desafio.

Nós, humanos, somos condicionados a ver o mau com mais clareza que o bom. É uma vantagem evolutiva, afinal de contas. Imagine-se como um homem das cavernas olhando a paisagem: Ele prestaria atenção no que é bonito e normal – cervos pastando, ramos de árvore balançando ao vento, sol brilhando –, ou no leão faminto oculto nas sombras?

Quando eu recebia instruções de meu gerente, examinava por alto os pontos fortes, que iam bem, para me concentrar sobretudo nas "áreas que precisavam melhorar". Se houvesse tido um dia muito produtivo, mas falhava na reunião, adivinhem no que eu pensava ao voltar para casa?

Como gerente, minha atenção é atraída para os pontos fracos. Concentro-me nos *designs* que ainda não ficaram prontos, nos projetos atrasados ou nas equipes que precisam de reforço. Sempre que converso com meus subordinados, gasto a maior parte do tempo naquilo que precisa melhorar.

No entanto, todos costumamos lembrar os momentos em que uma palavra de elogio sobre nossa capacidade singular nos encheu de orgulho e nos deu mais combustível para alcançarmos os objetivos.

O reconhecimento por um trabalho difícil, por habilidades valiosas, por conselhos úteis ou por bons valores pode ser tremendamente motivador se soar genuíno e pessoal. Além disso, as pessoas são mais bem-sucedidas quando usam todas os seus pontos fortes – mensagem explorada em profundidade por Marcus Buckingham e Donald Clifton em *Now, Discover Your Strengths* e por Tom Rath em *StrengthsFinder 2.0.*

Por exemplo, se alguém de sua equipe gosta de estimular novos contratados e é bom nisso, dê-lhe oportunidade de fazer mais nesse sentido – talvez possibilitando que ensine um estagiário ou se torne um *coach* dos colegas. Se tiver algum líder que saiba, por exemplo, organizar almoços de equipe com naturalidade, pergunte-lhe se está interessado em conduzir algumas reuniões.

Na pior das hipóteses, você estará dando a alguém a chance de crescer de acordo com seus interesses e capacidade. "Há uma qualidade que distingue grandes gerentes do restante: eles percebem o que é único em cada pessoa e capitalizam essa informação", diz Buckingham, o renomado consultor de gestão que pesquisou centenas de empresas e líderes. "A função do gerente [...] é transformar talento em desempenho."

Se você adotar esse princípio de gestão para ajudar uma pessoa, verá que ela terá eficácia para ajudar a equipe toda.

Caso tenha cinco pessoas em seu grupo, quatro das quais se saem bem e uma não, talvez ache necessário empregar a maior parte de seu tempo e energia com o funcionário problemático, para "consertar" a situação. Mas, da mesma maneira que as pessoas devem dar o máximo de si, você também deve dar atenção aos membros mais eficientes de sua equipe – aqueles que trabalham bem e podem melhorar ainda mais. Não permita que os mais fracos esgotem seu tempo – procure diagnosticar, examinar e resolver o problema deles o mais rápido que puder.

Isso parece contraditório, porque os melhores subordinados provavelmente não ficam lhe pedindo ajuda. Voltando ao exemplo da barraca de limonada do capítulo um: se Toby vender trinta copos por hora e Henry apenas dez, talvez você se sinta inclinado a gastar a maior parte do tempo com Henry, a fim de melhorar sua produção. No entanto, se assessorar Toby e fizer com que ele melhore 10%, Toby venderá três copos a mais. Você teria de ajudar Henry a melhorar 33% para obter o mesmo resultado, o que sem dúvida seria bem mais difícil de conseguir.

Bons CEOs sabem que devem insistir em projetos promissores e colocar mais pessoas, recursos e atenção neles do que em cada projeto que estiver à beira do fracasso. Do mesmo modo, bons investidores sabem que ajudar a identificar e transformar uma única *startup* na próxima empresa bilionária vale mais do que promover dezenas de outros investimentos nos quais se perde dinheiro. As estrelas em ascensão em sua equipe talvez não vivam implorando por sua atenção, mas, se puder ajudá-las a sonhar ainda mais alto e torná-las líderes mais capazes, ficará impressionado com o que sua equipe conseguirá fazer como um todo.

O QUE VOCÊ NÃO DEVE TOLERAR EM SUA EQUIPE

Existe o arquétipo do lobo solitário brilhante que, passando por cima dos outros, consegue despontar como herói – uma vez que ele é, em tudo, mais capaz que qualquer outro. Trata-se de uma noção romântica da mídia popular: Sherlock Holmes, Miranda Priestly, Tony Stark. Entretanto, na vida real, você não gostaria de ter essas pessoas em sua equipe, por mais talentosas que sejam. Em vez de multiplicar, você iria dividir: a presença delas torna as outras menos eficientes.

O professor Robert I. Sutton, de Stanford, descreveu esse fenômeno em seu agora famoso livro *The No Asshole Rule*. Ele descreve o babaca (*asshole*) como alguém que faz os outros se sentirem mal consigo mesmos ou que, de modo mais específico, despreza os mais fracos.

Certa vez, trabalhei com um indivíduo criativo e produtivo, mas tão centrado nas próprias opiniões que, se você não concordasse com ele ou não tivesse uma posição superior, seria considerado medíocre em seu trabalho. Embora pudesse ser uma fonte de inspiração para os outros, os colegas o evitavam, porque, como me disse um deles com franqueza: "Esse cara faz todos se sentirem idiotas". Foi necessário muito tempo para recompor os relacionamentos abalados que ele deixava atrás de si.

Com o benefício da visão em retrospecto, é fácil perceber a aura de toxicidade que essa pessoa criou. Mas, como gerente sem experiência, eu não via isso com clareza. *Ele faz um ótimo trabalho*, dizia a mim mesma.

Mais tarde, aprendi que a equipe *melhora* quando os babacas se afastam. Sim, perde-se a contribuição individual deles, mas a névoa se dissipa para os demais. Estes podem baixar a guarda. A colaboração se torna mais honesta e produtiva, e o trabalho da equipe como um todo deslancha.

A segunda coisa que aprendi foi que é possível encontrar pessoas igualmente talentosas, *mas* humildes e educadas. Não é uma situação de *ou isso, ou aquilo*, como aparece nos filmes. Você pode e deve manter colaboradores de alto nível. Eles estão por aí. Porém, não comprometa seus valores com alguém que se julga no direito de infernizar os outros. Você e sua equipe merecem coisa melhor.

Terceira lição: os babacas podem mudar caso você deixe bem claro que não vai tolerá-los. Falaremos mais sobre como instaurar um ambiente de equipe saudável no capítulo dez.

VOCÊ NÃO PRECISA TENTAR AMENIZAR A SITUAÇÃO O TEMPO TODO

Quando comecei como gerente, cometi o erro de supor que minha função fosse sempre tentar amenizar a situação. Raciocinava assim: se dois indivíduos inteligentes e bem-intencionados discordam, isso sem dúvida é resultado de uma incompreensão. Cabia a mim, nesse caso, lançar luz sobre o problema, fazer que todos dessem as mãos e cantassem o hino dos escoteiros.

Quando um de meus subordinados vinha se queixar de alguém, por exemplo, de um colega que jamais ouvia suas sugestões, eu o incentivava a ver o outro lado: "Talvez ele não saiba que você se aborrece com isso. Talvez você não esteja entendendo a situação. Já tentou falar com ele?".

Em seguida, procurava a outra parte e fazia o mesmo: explicava a situação, procurava entender seu ponto de vista, encorajava a pessoa a negociar a paz. O tempo todo pensava: "Sem dúvida, há uma maneira civilizada de resolver esse problema".

Nem sempre dava certo. Uma vez, um gerente me procurou para dizer que não conseguia trabalhar produtivamente com um de meus subordinados. Fiquei na minha, segura de que, não importava o motivo da desavença, ela poderia ser resolvida. Passei a semana seguinte indo e vindo entre os dois. Após a quarta conversa com o gerente, ele me disse, irritado: "Você está tentando acomodar uma situação na qual não vale a pena investir seu tempo, meu tempo e o tempo do seu subordinado". Ele tinha razão. Os dois cultivavam valores e estilos de trabalho muito diferentes; os dois ficariam mais felizes se não estivessem no mesmo projeto.

Ao longo dos anos, alguns membros maravilhosos de minha equipe saíram porque queriam fazer algo diferente. Em princípio, foi difícil não considerar cada saída como um fracasso pessoal. Não me entrava na cabeça que uma pessoa de quem eu gostasse tanto se indispusesse com a equipe pela qual eu tinha tanto desvelo. Essas situações pareciam peças de LEGO que não se encaixavam, arroz e feijão recusando-se a cooperar. Sem dúvida, alguma coisa errada eu tinha feito!

Mas, aos poucos, minhas perspectivas foram mudando. Hoje sei que valores pessoais e empresariais desempenham um grande papel quando se trata de determinar se alguém será feliz em uma equipe.

Chame do que quiser – entrosamento, motivação, química –, mas a verdade é que as coisas que alguém valoriza devem ser aquelas que a equipe (e a empresa) também valoriza. Do contrário, a pessoa sempre se sentirá isolada daquilo que ambiciona para sua carreira.

Se alguém não se entrosa em determinada equipe, às vezes uma mudança dentro da própria empresa pode resolver o problema – um ambiente novo e um desafio diferente são, quase sempre, uma boa solução. Caso isso não ocorra, então o problema de entrosamento é com a empresa, e o melhor para todos é que cada qual siga seu caminho.

O namoro é uma boa analogia. Imagine um homem atraente sob todos os aspectos – educado, responsável, interessante, dono de um sorriso envolvente –, mas com o qual o relacionamento é difícil. Talvez ele seja campeão de paraquedismo e você tenha medo de altura. Talvez ele queira um monte de filhos e você não veja isso em seu futuro. Talvez ele queira se acomodar, mas você continua uma sonhadora inveterada e apaixonada por viagens. Pois bem, esse homem não serve para você.

Atualmente, gasto bastante tempo tentando entender o que os candidatos em potencial valorizam e ser transparente quanto aos meus valores e os da empresa. Se minhas observações soarem como música aos ouvidos deles, eles amarão o trabalho. Se não, ainda que tenham todas as habilidades que procuro, é melhor não tentar enfiar um pino redondo em um buraco quadrado. Todos merecemos trabalhar em um ambiente de que gostamos, com pessoas que compartilham nossas paixões. E se, ao longo do caminho, percebermos que devemos fazer algo mais, isso é motivo de comemoração, não um indício de fracasso.

ACELERE A MOVIMENTAÇÃO DAS PESSOAS

Quando comecei na gerência, achava que minha função principal era ser uma campeã para minha equipe. Deveria apoiá-la, defendê-la, ouvi-la. Se um subordinado enfrentava dificuldades para fazer um bom trabalho, não era produtivo ou desanimava a equipe, eu pensava: "Se não me aproximar dele e mostrar empatia, quem mais fará isso?".

Ninguém. Como sua gerente, essa função era minha. E todo mundo merece uma segunda chance.

Infelizmente, em 80% do tempo, o esforço – conversas 1:1 extras, ajuda em projetos, contato com colegas, estímulo – foi em vão.

Já explicamos as principais razões pelas quais alguém não faz um bom trabalho: ele não sabe ao certo o que significa *bom*, não encontra resposta às suas aspirações, não se sente valorizado, não tem as habilidades necessárias ou desestimula os colegas.

Problemas como conscientização ou falta de valorização em geral podem ser resolvidos com uma série de conversas honestas. Mas, se aquilo que motiva uma pessoa vai de encontro com seus valores, incentivos podem até aliviar os sintomas no curto prazo, mas não vão eliminar o problema.

Por exemplo, um de meus subordinados – vou chamá-lo de Fred – era apaixonado por *design* em tecnologias de ponta. Seu trabalho muitas vezes incorporava novas interações criativas, que eram uma experiência deliciosa em celulares de última geração.

Mas nossa equipe desenvolvia produtos usados por bilhões de pessoas pelo mundo afora, a maior parte sem tecnologia mais recente à mão, com celulares de conexão fraca ou com pouco espaço de armazenamento. Assim, nossa equipe priorizava um trabalho que fosse útil para o maior número de pessoas possível, o que significava desenvolver produtos dentro de certos limites. Esse desequilíbrio de valores fazia que Fred se sentisse frustrado sempre que seus conceitos avançados eram preteridos em favor de ideias mais práticas.

Do mesmo modo, se um subordinado tem alguma falha que está afetando sua capacidade de executar bem um trabalho, não é razoável esperar que mesmo o melhor instrutor consiga alterar esse estado de coisas em poucos meses. Uma de minhas subordinadas, que chamarei de Sarah, tinha muito talento para elaborar *designs* inovadores, mas não conseguia ser organizada. Atuava melhor em ambientes altamente estruturados, que ofereciam sólido apoio para gestão de projetos; porém, em nossa empresa, adotamos uma abordagem de baixo para cima, em que os funcionários devem administrar o próprio tempo da melhor maneira possível. Nesse contexto, Sarah muitas vezes estourava os prazos ou se esquecia de compromissos que havia assumido.

Como gerente nova na função, eu gastava muita energia – às vezes, até 50% da semana – com os Freds e Sarahs da empresa. Tinha longas conversas com eles, trabalha com eles nas alterações necessárias, esperava que tudo melhorasse, mas via sempre os mesmos padrões aflorando. Aquilo era muito cansativo. Mas eu achava que, assim, demonstrava preocupação com eles, exercitando meu papel de gerente.

O ponto de virada ocorreu quando percebi que esse ciclo não era só cansativo para mim como também prejudicava o subordinado. A pessoa que eu tentava ajudar se sentia pressionada por saber que não estava trabalhando bem, e minha "ajuda" parecia o Olho de Sauron espiando cada um de seus movimentos. Enquanto isso, o restante da equipe esperava com impaciência que as coisas melhorassem, porque sentia, também, os efeitos dos problemas do colega.

No fim das contas, se achar que alguém não vai bem na atual função, o melhor a fazer é ser honesto e apoiá-lo em sua decisão de sair. Jack Welch, ex-CEO da General Electric, ressalta que proteger funcionários com desempenho medíocre os prejudica ainda mais quando, inevitavelmente, o chefe tiver de despedi-los. "Para mim, é uma violência e uma 'falsa bondade' manter pessoas que não vão crescer nem prosperar. Não há nada mais cruel do que esperar e dizer a elas, no meio da carreira, que não servem para a função."

A essa altura, você tem duas opções: ajudar a pessoa a encontrar uma nova função na empresa ou deixá-la ir embora.

A primeira opção deve sempre ser levada em conta, porque, havendo outra função que responda melhor aos interesses e às habilidades do subordinado, esse será um ótimo desfecho tanto para ele quanto para a empresa. Lembra-se de Fred, que gostava de trabalhar com *designs* inovadores? Pois ele acabou em outra equipe, especializada em tecnologias de ponta, e se saiu muito bem na nova função.

Mas tenha cuidado. Como a ideia de despedir alguém soa muito desagradável, os gerentes costumam hesitar em deixar um subordinado ir embora, mesmo quando esse é o melhor desfecho para ele e a empresa. Evite conservar pessoas que não têm as habilidades certas ou exibem comportamento tóxico.

Uma boa pergunta a fazer é: Se esse funcionário já não estivesse na empresa, eu recomendaria que outra equipe o acolhesse, sabendo o que sei dele? Sarah, a funcionária que não conseguia trabalhar de forma independente a meu ver, não teria êxito em nenhum outro departamento da empresa.

Quando você resolver despedir alguém, faça-o com respeito e franqueza. Não torne isso objeto de discussão (pois não é) e não encare o fato como fracasso da parte do subordinado. (Como diz Patty McCord, ex-gerente de talentos da Netflix: "Por que dizem *getting fired* (ser despedido)? Por acaso estamos atirando (*firing*) em alguém?".)

Apenas porque seu subordinado não deu certo na equipe, não quer dizer que a culpa seja dele – de fato, sempre me lembro das sábias palavras de meu amigo Robyn Morris: "Talvez *você* é que não deva ser a gerente dele, e não o contrário". Pode ser que você o contratou quando as habilidades desse candidato não eram aquilo de que a equipe precisava. Ou pode ser que o tenha posto em projetos nos quais ele não poderia se sair bem. Zelar pelas pessoas significa reconhecer que seus relacionamentos são vias de mão dupla.

Despedir alguém pode ser emocionalmente desafiador, não apenas para o funcionário, mas também para você e a equipe. Seja compassivo ao examinar o passado; entretanto, pense no futuro e não adie o rompimento. Ajude seu subordinado a encontrar o melhor caminho possível para o próximo capítulo de sua vida e use essa experiência para se tornar um gerente melhor.

A boa notícia é que a demissão de funcionários não acontece com frequência. Na maior parte das vezes, o bom instrutor consegue levar os subordinados a entender suas aspirações, a eliminar os hábitos que o paralisam e a aperfeiçoar suas habilidades.

Grandes gerentes são grandes instrutores, e a chave secreta dessa última atividade será o tópico do próximo capítulo: como fornecer *feedbacks* que funcionem.

Capítulo Quatro

A Arte do *Feedback*

EVITE

ALMEJE

O pior *feedback* **que recebi** veio em um *e-mail* de um ex-estagiário, Drew Hamlin. Ele escrevia com regularidade para a equipe de *design* quando na escola, com observações sobre nosso trabalho. Em uma mensagem, apontou uma assimetria de elementos na tela, escrevendo: "Vocês queriam mesmo fazer essa coisa horrível?".

Sabíamos que Drew perguntava isso sem nenhuma malícia, mas, em definitivo, era a primeira lição de como *não* fornecer um *feedback*. Felizmente, não ligávamos muito para o que ele dizia. Mas, impressionados por sua paixão e proatividade, nós o contratamos depois de sua formatura. Poucos anos depois, ele se tornou um gerente de quem todos gostavam. Em uma curiosa reviravolta do destino, Drew foi um dos criadores de nossa atual prática de *feedback* crítico. Até hoje, brincamos com ele por ter sido "o pior crítico do mundo".

O melhor *feedback* que já recebi veio de meu ex-subordinado Robyn. Um dia, quando lhe perguntei em que eu poderia melhorar, ele respirou fundo e disse: "Julie, às vezes sinto que, quando estou trabalhando bem, você está a meu lado e nós dois somos ótimos. Mas, quando não trabalho bem, nosso relacionamento sofre e sinto que você deixa de confiar em mim". Enumerou então, com bondade e honestidade, alguns exemplos de coisas que eu havia dito e que o tinham feito sentir-se assim. Esse simples *feedback* transformou toda a minha perspectiva de gestão.

Lamentavelmente, muitas pessoas encontram dificuldade em dar *feedbacks*. Às vezes, pensamos não ter nada de útil a dizer – ou, se temos, permanecemos em silêncio, com receio de magoar os outros. Quando nada vai mal, achamos que está ótimo – ora, para que acrescentar alguma coisa? E, quando damos um *feedback*, colocamo-nos em situação de risco, porque os outros podem entendê-lo como "vago demais para ser útil" ou "muito carregado emocionalmente para ser eficaz". Não é de admirar, portanto, que gerentes novos achem essa parte a mais desafiadora de seu trabalho.

Para um líder, dar *feedbacks* – quando as coisas vão bem ou mal – é um dos aspectos mais importantes da função. Dominar essa habilidade significa ser capaz de derrubar duas das maiores barreiras que impedem os subordinados de realizar um bom trabalho – expectativas confusas e habilidades inadequadas –, de modo que saibam com exatidão onde mirar e como atingir o alvo.

COMO É UM BOM FEEDBACK?

Pense no melhor *feedback* que já recebeu. Por que o achou tão significativo?

Aposto que o motivo é o seguinte: *o* feedback *o inspirou a mudar seu comportamento, e isso melhorou sua vida.*

O *feedback*, na melhor das hipóteses, transforma pessoas de modo a lhes inspirar orgulho. Nem sequer questiono o fato de ser hoje uma gerente melhor por causa da conversa esclarecedora com Robyn.

Mas, então, o que é um *"feedback"*? No início da carreira, eu o definia como "sugestão para melhorar". O exemplo clássico em minha cabeça era a crítica da área do *design*: dar *feedbacks* significava identificar um problema e sugerir soluções possíveis.

Essa é uma definição simplista, porém. Há muita coisa além de "sugestões para melhorar" que pode inspirar alguém a empreender uma ação positiva. De um lado, o *feedback* não precisa ser necessariamente uma crítica. Um elogio, às vezes, motiva mais que uma crítica. De outro, nem sempre se começa por um problema.

Eis a seguir as quatro maneiras mais comuns de inspirar uma mudança de comportamento.

Estabeleça, para começar, expectativas claras

Imagine que você contrate um treinador para melhorar sua sequência de exercícios. Ele pede, logo de início, que você faça flexões sem antes sequer conversar?

Não. A primeira coisa que ele faz após se apresentar é sentar-se com você e discutir seus objetivos. Depois, explica o que você deve esperar do treinamento e como tirar o máximo proveito dele. Embora essas instruções não sejam específicas para seu caso, você precisa conhecê-las, pois ele se baseia na experiência que teve com outras pessoas.

Pode parecer contraditório, mas o processo de dar *feedbacks* deve começar antes do próprio trabalho. A essa altura, você já deve ter entendido o que é sucesso – para certo projeto ou determinado período –, antecipado os resultados pretendidos e lançado os alicerces para sessões produtivas de *feedbacks* mais à frente. É como começar uma caminhada com um mapa detalhado, em vez de percorrer às cegas alguns quilômetros e ter de perguntar se está no rumo certo.

Durante essa fase, responda às seguintes perguntas:

- O que é um bom emprego para seu subordinado? E um emprego ruim ou medíocre?
- De que modo você pode ajudar seu subordinado a começar com o pé direito?
- Que armadilhas comuns seu subordinado deve evitar?

Neste seu primeiro trimestre, espero que consiga estabelecer boas relações com a equipe, fazer deslanchar um projeto inicial em pequena escala e apresentar esse primeiro design *interativo para revisão. Não creio que vá ter sinal verde com muita facilidade; mas, se tiver, será um grande avanço.*

Eis o que se pode chamar de sucesso em sua próxima reunião: as diferentes opções são apresentadas com clareza, cada qual sente que seu ponto de vista está bem representado e uma decisão é tomada.

Sempre que puder, dê *feedbacks* específicos a tarefas

Como a expressão "específicas a tarefas" sugere, você dá esse tipo de *feedback* depois do trabalho pronto. Por exemplo, após um subordinado lhe apresentar uma análise, diga-lhe o que, a seu ver, ele fez bem e em que ainda pode melhorar no futuro. Seja o mais preciso e minucioso possível.

Esse é o tipo de *feedback* mais fácil de dar, pois não soa pessoal: tem por alvo o *quê*, e não o *quem*. Se estiver se esforçando para criar o hábito de dar esse tipo de *feedback* comece por essa categoria.

O *feedback* específico a tarefas é mais eficaz quando a ação realizada ainda está fresca na memória do subordinado; portanto, discuta-a o mais cedo possível. A menos que a tarefa seja muito importante, como uma apresentação de alto nível, mandar uma nota por *e-mail* ou conversar *on-line* no mesmo dia funciona tanto quanto dar o *feedback* pessoalmente.

Na melhor das hipóteses, esse tipo de *feedback* se tornará uma parte habitual e informal de seu dia, e os subordinados se beneficiarão de doses homeopáticas de instrução em tudo aquilo que você os vir fazer.

O relatório de pesquisa que você apresentou ontem estava excelente. O modo como resumiu os principais achados tornou fácil a compreensão deles. Em especial, o que disse sobre X foi realmente útil.

Uma observação sobre a apresentação desta manhã: notei que foi direto ao assunto, sem explicar como chegou a ele. Assim, ficou um tanto difícil entender por que esse era o melhor caminho. Da próxima vez, reserve alguns minutos para esclarecer o processo e enumerar as alternativas que levou em conta.

Dê *feedbacks* sobre comportamento de maneira cuidadosa e regular

Quando você examina previamente inúmeros exemplos de *feedbacks* a tarefas a fim de instruir um subordinado, quais temas vêm à tona? Ele toma decisões com rapidez ou não? É um burocrata ou um inovador? Procura soluções pragmáticas ou idealistas?

Fazer essas perguntas sobre alguns temas o ajudará a refletir sobre as habilidades especiais do subordinado ou áreas a serem desenvolvidas, reveladas em seus padrões de comportamento.

Os *feedbacks* sobre o comportamento são úteis porque fornecem um nível de personalização e profundidade que falta nos *feedbacks* específicos a tarefas. Juntando os pontos de vários exemplos, você poderá ajudar o subordinado a entender como seus interesses, personalidade e hábitos exclusivos afetam sua capacidade de causar impacto.

Quando você dá esse *feedback* sobre o comportamento, declara como vê a pessoa, portanto, suas palavras devem ser cuidadosas, amparadas em exemplos específicos para explicar por que tem essa opinião. O melhor é uma conversa 1:1, para que ela possa fazer perguntas e trocar ideias com você.

O *feedback* sobre o comportamento ajuda o subordinado a entender como os outros o veem de fato – algo que pode ser diferente do modo como ele próprio se vê. Pode parecer difícil falar a esse respeito, pois é um assunto *muito* pessoal (um amigo meu o compara a "sessões de terapia"), mas, pelo menos, seus subordinados sairão com uma compreensão melhor de si mesmos e de como podem ser mais eficientes.

> *Quando as pessoas lhe perguntam sobre seu trabalho, você assume um tom muitas vezes defensivo. Por exemplo, quando Sally deixou um comentário em sua caixa de mensagens, você respondeu com um "basta confiar em mim". Isso não levou em conta o conteúdo do* feedback *dela e fez você parecer menos confiável.*

> *Sua habilidade de recrutar é excelente. Os candidatos costumam dizer que saem da entrevista muito mais inspirados do que quando*

entraram nela. Além disso, você tem um senso apuradíssimo para encontrar o lugar certo para a pessoa certa. Por exemplo, você direcionou John ao Projeto X há um ano, e hoje em dia ele está indo incrivelmente bem.

Dê *feedbacks* de 360 graus para atingir a máxima objetividade

Um *feedback* de 360 graus constitui-se de um *feedback* com inúmeras perspectivas, isto é, fornece uma noção mais completa e objetiva do desempenho de alguém. Por exemplo, se seu subordinado conduz uma sessão de *brainstorming* em vez de enviar apenas um *feedback* à tarefa *dele*, você poderá ter acesso também ao que todo o restante da sala pensa. Ou, se chegou a hora da avaliação de desempenho anual do subordinado, você pode, em vez de confiar apenas em suas próprias observações, obter dados comportamentais dos colegas com os quais ele trabalha, tendo uma noção mais ampla de seu desempenho.

Muitas empresas adotam o processo de *feedback* de 360 graus uma ou duas vezes por ano. Se não for necessária a reunião formal dessas informações, você mesmo pode cuidar disso. A cada trimestre, para cada subordinado, envie um *e-mail* breve a um grupo de seus colaboradores mais próximos perguntando: a) O que X produz de modo tão especial que ele deveria fazer mais vezes? e b) O que X deveria mudar ou não fazer mais?

A abrangência do *feedback* de 360 graus significa que ele exige mais tempo para ser composto e, assim, não é prático realizá-lo mais que algumas vezes por ano. Contudo, ele é muito útil quando você não dispõe de um contexto suficiente sobre o cotidiano de seu subordinado. Como se trata de um assunto bem amplo, você deve marcar uma reunião com o subordinado a fim de discutirem esse *feedback* pessoalmente, sem se esquecer de documentar por escrito o que aprenderam, para consultas futuras.

Seus colegas apresentaram várias sugestões sobre como enfrentar a crise de orçamento. Era um trabalho importante e difícil; mas seu autocontrole, sua excelente capacidade de ouvir e seus argumentos racionais ajudaram a equipe a chegar a um bom resultado.

Um tema recorrente no feedback *de 360 graus foi que seus planos precisam de mais rigor. Por exemplo, você deixou escapar o detalhe importantíssimo do desconto para idosos em sua proposta de preços, resultando disso projeções incorretas. Esse padrão de pequenos erros em seu trabalho começa a abalar sua credibilidade.*

TODA GRANDE DECEPÇÃO PRESSUPÕE UM EQUÍVOCO AO ESTABELECER EXPECTATIVAS

Há muitos anos, minha ex-gerente Kate Aronowitz me perguntou, casualmente, como minha equipe estava se saindo. "Todos vão bem", respondi, menos um. (Vou chamá-lo de Albert.)

"Hein?", estranhou ela, erguendo a cabeça. "O que está havendo com Albert?"

Suspirei e exprimi minhas preocupações: a primeira versão de seu trabalho recente errara feio o alvo e, mesmo depois de três rodadas de *feedbacks*, ele continuava na mesma. Os engenheiros estavam ficando impacientes, e os outros *designers* se perguntavam por que ele ignorava as sugestões deles o tempo todo.

"Então Albert não está atendendo às expectativas?", perguntou Kate. Fiz uma pausa, pensei sobre o caso por um segundo e respondi: "Não, não está". – Ela arqueou as sobrancelhas. "E você lhe disse isso *explicitamente?*"

"Bem...", enrolei. Eu dera a Albert vários *feedbacks* específicos sobre a tarefa, mas não lhe dissera que seu desempenho deixava a desejar. Estávamos a seis semanas de um ciclo de *feedbacks* de 360 graus envolvendo toda a empresa, e presumi que então entraríamos no assunto. Vi, pela expressão de Kate, que naquele momento iria aprender alguma coisa.

"Se ele souber que não está atendendo às expectativas durante a avaliação de desempenho, vai se sentir muito mal", disse ela. Explicou que, como nossas avaliações resumiam o desempenho dos últimos seis meses, se Albert de fato não estivesse se saindo bem durante a maior parte desse tempo, eu já deveria ter lhe dito isso.

Kate estava certa. Se Albert recebesse um duro golpe no mês seguinte, teria três possíveis explicações para o que havia acontecido, nenhuma das quais considerada boa.

1. *A avaliação não é justa. Se as coisas foram assim tão ruins, por que isso veio à tona somente agora? Deve ser um engano.*

2. *A avaliação é justa, mas minha gerente agiu com negligência por não perceber, na época, que meu desempenho era insatisfatório.*

3. *A avaliação é justa, mas minha gerente não foi honesta comigo, pois não me disse nada durante todo esse tempo. Assim, não tive chance de melhorar.*

Eu corria o risco de incidir na terceira. Mas, felizmente, ainda tinha tempo de pôr a lição em prática. Quanto mais cedo Albert reconhecesse que não estava atendendo às expectativas, mais rápido poderia reverter a situação e menos difíceis seriam as futuras conversas sobre seu desempenho.

Ninguém gosta de ser pego de surpresa com más notícias. Eis a seguir alguns exemplos de como podemos prevenir futuras decepções estabelecendo desde logo as expectativas.

Seu subordinado deixou claro que quer uma promoção

Você não acha provável que isso aconteça nos próximos seis meses. Se esperar a próxima avaliação de desempenho para lhe contar, seu subordinado terá passado seis meses pensando que seria promovido e ficará desapontado.

Em vez disso, se lhe disser logo: "Compreendo que gostaria de uma promoção, mas percebi certas falhas...", estará lhe comunicando que deseja ajudá-lo a alcançar seu objetivo. Deixe bem claro quais são seus critérios de promoção. Nos próximos meses, instrua-o, dando-lhe *feedbacks* frequentes sobre como ele está se saindo em relação às expectativas. Assim, ele não precisará nunca se perguntar sobre isso.

Você acaba de confiar um projeto novo e desafiador a seu subordinado

Como se trata de um projeto importantíssimo, você gostaria de acompanhar de perto o desenvolvimento dele. Mas, se aparecer o tempo todo pedindo a seu subordinado informações sobre o progresso do trabalho, ou lhe dar *feedbacks* não solicitados, o risco será de fazê-lo se sentir impotente, olhando a todo momento por cima do ombro, com um medo paranoico de que você esteja por perto.

Por outro lado, você não vai querer esperar um mês para avaliar o trabalho. Caso ele não esteja indo bem, vai preferir saber disso o mais cedo possível.

Nesse caso, estabelecer expectativas o ajudará com relação aos dois problemas. No início do projeto, explique a seu subordinado como você planeja se envolver. Mas seja explícito quanto a querer verificar o trabalho duas vezes por semana, discutindo com ele os problemas mais importantes. Antecipe-lhe quais decisões pretende tomar e o que ele deve fazer.

Gerentes que parecem surgir do nada, fazendo novas exigências, podem alimentar o ressentimento da equipe. Mas aqueles que logo de início deixam claro o que desejam e como pretendem se envolver no projeto raramente despertam essas tensões.

Sua equipe tem por objetivo fazer o lançamento em outubro

Digamos que sua equipe saiba, em junho, que provavelmente não estará pronta em outubro. Você gostaria que ela lhe contasse isso pouco antes do lançamento ou de imediato?

Não sei de nenhum gerente que preferisse saber na última hora. A essa altura, muito mais trabalho será exigido – dinheiro gasto em *marketing*, informes à imprensa que precisarão ser refeitos, previsões de venda que já não são exatas. Além disso, você se perguntará por que sua equipe não lhe contou nada antes – foi incompetência ou omissão?

Se você for informado em junho, terá mais opções. Pode decidir colocar mais gente no projeto ou simplificá-lo para que fique pronto em outubro. Ou aceitar o atraso e prescrever a todos uma nova data de lançamento.

No entanto, seus subordinados talvez não queiram lhe dizer diretamente: "Achamos que não será possível terminar o trabalho até outubro". Podem pensar que ainda vão virar o jogo – ou se meter em encrenca, caso reconheçam o atraso. Informando que gostaria de saber, o mais rápido possível, sobre quaisquer problemas relativos à data de lançamento, você deixa claro que é seguro para a equipe falar a respeito do assunto mesmo nas fases iniciais.

Não adianta esperar perfeição: somos humanos. Erros ocorrem, projetos não são realizados dentro do prazo e pessoas cometem erros. Mas, quando essas coisas acontecem, reajustar as expectativas o mais depressa possível ajuda as pessoas a se recuperarem dos erros sem traumas. Desse modo, você demonstra preocupação com elas e maturidade ao antecipar maiores problemas a tempo.

Quando se sentir profundamente desapontado – ou desapontando alguém –, pergunte-se: Por que não consegui estabelecer expectativas claras e como poderei agir melhor no futuro?

SEUS *FEEDBACKS* SÓ FUNCIONAM SE AS COISAS MELHORAREM

Um de meus subordinados – vou chamá-lo de George – tendia a ser muito prolixo. Quando fazia uma apresentação, a audiência perdia o fio da meada e ele se via diante de uma sala repleta de rostos inexpressivos. Se eu lhe pedisse uma atualização em poucas palavras, George me vinha com uma explicação de cinco minutos. Percebi que as pessoas não lhe davam ouvidos e, um dia, chamei-o e lhe disse isso. George levou numa boa e, após a conversa, senti-me satisfeita comigo mesma. Havia dado um *feedback* útil e cumprido meu dever como gerente.

Semanas depois, quando George fez outra apresentação, tudo se repetiu: suas observações alcançaram minúcias para além do que a audiência poderia entender em 30 minutos. Fiquei perplexa. Não tínhamos discutido aquele assunto?

Na próxima conversa, perguntei-lhe por que não havia se esforçado para simplificar sua apresentação. Ele franziu o cenho: "Mas eu me *esforcei*!", insistiu. Mostrou-me que havia recorrido a um sumário e ajustado a ordem de abordagem dos temas.

Foi então que entendi tudo: *eu* é que me equivocara. George *tinha ouvido* minhas instruções, mas não percebera o que havia de errado em sua maneira de se expressar. E, se não percebera, não poderia corrigi-la.

Podemos nos sentir satisfeitos ao detectar um problema, mas isso não significa nada se ele não for resolvido. A marca de um grande *coach* é os outros melhorarem sob sua orientação. Você pode querer que seus subordinados sonhem alto, realizem mais ou superem todos os obstáculos. Mas a pergunta que sempre deve se fazer é: Minhas instruções provocaram as mudanças desejadas?

Agora, aprofundando-se no assunto, considere como está se saindo em relação ao que vem a seguir.

Dou *feedbacks* com a devida frequência?

Já li milhares de avaliações escritas por subordinados a respeito de gerentes, e a resposta mais comum à pergunta "De que maneira seu gerente poderia apoiá-lo ainda mais?" é: "Dando-me mais *feedbacks*".

Neste ponto, vale a pena fazer uma breve pausa: antes de mergulhar fundo no *como*, o primeiro passo deve ser, pura e simplesmente, *dar* feedbacks *com mais frequência* e conscientizar-se de que talvez não esteja fazendo isso.

Sempre que vir um dos subordinados em ação – apresentando um projeto, interagindo com um consumidor, negociando uma venda, falando em uma reunião –, pense se por acaso não há algo de útil que possa lhe dizer. Tente dar pelo menos 50% de *feedbacks* positivos, para que ele saiba em que está se saindo bem – "Você fez uma observação bastante apropriada" ou "Você mostrou muita empatia naquela interação". Se ouvir algo de positivo de um colega, conte-lhe. Ou, se tiver uma sugestão de melhoria, ainda que pequena, diga-lhe também: "Você abordou muita coisa na reunião, o que tornou um pouco difícil captarem tudo".

Ao mesmo tempo, evite dar apenas *feedbacks* a tarefas. A segunda resposta mais comum dos subordinados é: "Dê-me mais *feedbacks* relacionados a minhas habilidades e minha carreira". Conheci um gerente que era o *designer* dos *designers*, além de um diretor criativo de mão-cheia. Ele podia olhar de passagem para um modelo e dizer se o espaço entre os ícones era de dois *pixels*. Sua equipe sempre sabia que ele estava atento ao trabalho deles. No entanto, em suas avaliações elogiosas, eu lia comentários como: "Gostaria de saber a opinião de meu gerente sobre meu progresso" ou "Seria bom conversarmos sobre meus objetivos profissionais e como posso alcançá-los". Os subordinados desejavam mais atenção para *eles* como pessoas, não apenas como gente que produz.

Se você acha que sua frequência de *feedbacks* é baixa, uma tática que considero útil é reservar uma conversa 1:1 por mês *somente* para discutir *feedbacks* de comportamento e objetivos de carreira.

Meus *feedbacks* estão sendo ouvidos?

Tive uma subordinada – vou chamá-la de Amy – que eu não achava estar dando tudo de si. Enquanto outros da equipe estabeleciam objetivos ambiciosos e realizavam um trabalho árduo para alcançá-los, ela evitava projetos desafiadores e seguia devagar com os que lhe eram atribuídos. Demorava nos almoços e às vezes fazia tarefas pessoais em sua escrivaninha. Compreendi que precisava ter uma séria conversa com ela a respeito de seu baixo rendimento.

Preparei-me durante uma semana. Anotei tudo o que queria falar, submeti o esboço à apreciação de um colega e treinei a conversa diante do espelho. Chegada a hora, procurei-a e falei-lhe com clareza. Saí da sala como se tivesse tirado um peso enorme dos ombros.

Dias depois, uma colega me procurou perguntando se poderíamos conversar sobre Amy a sós. Assim que ficamos sozinhas, ela disse: "Sei que você não pensa assim, mas deve saber que Amy se queixa de sua interferência no trabalho dela. Por que lhe falou que ela não pode almoçar nem consultar a internet durante o expediente?"

Ao ouvir isso, fiquei chocada. Em minha conversa com Amy, eu havia mencionado brevemente os longos almoços e as atividades pessoais como dois pontos, entre outros, que me faziam duvidar de sua motivação. Mas o que eu, de fato, queria comentar era sua baixa produtividade. Se ela fosse muito produtiva, esse assunto nunca teria vindo à tona. Aliás, mesmo que trabalhasse mais horas que qualquer outro, mas não produzisse muito, ainda assim eu ficaria preocupada.

Se você brincou de telefone sem fio na infância, sabe que isto é verdadeiro: o que pretende dizer e o que o ouvinte escuta nem sempre são a mesma coisa. Você pensa que está sendo claro quando, na verdade, fala demais ou não fala o bastante, ou ainda envia uma mensagem diferente por meio da linguagem corporal. (Disseram-me, por exemplo, que costumo divagar, o que às vezes dificulta o entendimento de meu ponto principal, e que minha benevolência pode mascarar a seriedade de uma mensagem severa.) Acrescente-se a isso a tendência de confirmação do ouvinte – nossa tendência de lembrar coisas que confirmam crenças preexistentes –, e não é de admirar que certas mensagens se confundam na transmissão.

Ed Batista, instrutor executivo e professor na Stanford Graduate School of Business, a escola de negócios da Universidade Stanford, explica que parte do motivo pelo qual um *feedback* não encontra eco é que o ouvinte muitas vezes encara a conversa como uma ameaça, vindo à tona, assim, o instinto de lutar ou fugir alimentado pela adrenalina. Quando um *feedback* é dado, escreve Batista, "a frequência cardíaca e a pressão sanguínea do ouvinte quase sempre aumentam, [acompanhadas de] uma série de eventos neurológicos e fisiológicos que comprometem a capacidade de processar informações complexas e reagir de modo racional. Quando as pessoas se veem diante de uma ameaça, não são mais inteiramente capazes de absorver e aplicar o que ouvem".

A melhor maneira de se fazer ouvir pelo subordinado é levá-lo a se sentir seguro e mostrar que você está dizendo aquilo porque se preocupa com ele e deseja seu sucesso. Se der a entender qualquer outro motivo, por insignificante que seja – você deseja ter razão quantos aos argumentos, quer julgá-lo, sente-se aborrecido ou impaciente –, a mensagem se perderá.

Por isso, um *feedback* positivo é tão eficiente. Pergunte a uma professora de pré-escola ou a um dono de animal de estimação: eles lhe dirão que reconhecer o que está indo bem pode mudar com mais facilidade um comportamento do que apenas apontar equívocos. Dizer: "Olhe, achei ótimo aquilo que fez" reforça o que você gostaria que se repetisse, e não soa como ameaça.

Se tiver *feedbacks* críticos a fazer, faça-os com um senso de curiosidade e um desejo honesto de entender a perspectiva de seu subordinado. Para simplificar as coisas, apresente sua ideia diretamente e pergunte em seguida: "Você acha que esse *feedback* tem a ver com você? Sim ou não?". A maior parte das vezes, quando faço essa pergunta, a resposta é "sim"; portanto, a pessoa entendeu o *feedback* e refletiu sobre ele, sendo pouco provável que o esqueça. Se a resposta for "não", tudo bem: é possível discutir os motivos dessa resposta e como agiremos para que o *feedback* seja mais útil.

No fim da conversa, se não tiver certeza de que foi ouvido, há algumas coisas que você pode fazer. A primeira é uma confirmação verbal: "Ok, vamos ver se nos entendemos. O que pretende fazer e quais serão seus próximos passos?". A segunda é enviar por *e-mail* um resumo do que foi discutido. Escrever pode esclarecer os pontos tratados, sendo possível relê-los e tomá-los como referência no futuro.

A terceira tática consiste em ajudar a pessoa a ouvir a mesma mensagem várias vezes, de fontes diferentes. Por exemplo, tente agendar uma série de conversas 1:1 para discutir com seu subordinado sobre áreas particularmente problemáticas do progresso dele. Reúna informações para dar *feedbacks* de 360 graus se suspeitar que sua mensagem não esteja funcionando – eis uma maneira bastante eficaz de constatar se os outros estão vendo a mesma coisa. Um gerente que conheço vai ainda mais longe: quando alguém lhe passa informações sobre um dos subordinados, sempre pergunta: "Você toparia dizer isso diretamente a ele?". Acha que haverá menos distorções se não atuar como intermediário e que assim o *feedback* será entendido e apreendido com mais clareza.

Meu *feedback* leva a uma ação positiva?

Quando pedi a George que simplificasse sua comunicação, ele não ignorou a mensagem – só não soube o que fazer com ela. Portanto, meu *feedback* foi inútil.

Como se certificar de que o *feedback* será colocado em prática? Lembre-se destas três dicas.

1. O feedback *deve ser o mais específico possível.* Quando eu disse a George: "Sua apresentação foi complicada e as pessoas tiveram dificuldade em entendê-la", presumi que *complicada* significasse o mesmo para nós dois. Mas isso só acontece raramente e, por esse motivo, meu *feedback* não foi claro. Quais aspectos eram complicados? O que, exatamente, confundiu as pessoas?

Recorra a exemplos claros para não deixar dúvidas quanto ao *porquê*. Assim, seu subordinado entenderá com mais facilidade o que você quer dizer.

> *Você confundiu as pessoas ao apresentar, para avaliação, sete objetivos em vez de um ou dois. É difícil se lembrar de tanta coisa, e as prioridades não ficam claras.*

> *No final, você apontou três caminhos diferentes a seguir, mas não nos deu instruções sobre como avaliar os prós e os contras de cada um. Em decorrência disso, ficamos confusos quanto aos próximos passos.*

2. *Esclareça o que é sucesso e como encará-lo.* Mesmo quando o *feedback* for específico, e você foi ouvido e compreendido, as pessoas ainda assim podem achar difícil ter uma visão clara de como devem proceder. Há alguns anos, durante uma avaliação de *design*, meu gerente Chris nos disse que nossas propostas de formulário de registro pareciam muito "pesadas".

Um dos *designers* presentes sugeriu que mudássemos o contorno do campo de azul para cinza, dando mais espaço entre as caixas. "Vai ficar mais leve e arejado", disse ele. Chris refletiu por alguns instantes. "Pense nas filas da Disneylândia", disse por fim. "Você está esperando em uma fila comprida, mas, como passa de um pequeno recinto a outro, ela não parece ser cansativa. É esse o caminho." Tivemos então uma ideia bastante clara de como melhorar o fluxo – dividir o grande formulário em uma série de formulários menores.

3. Sugira os próximos passos. Às vezes, a maneira mais fácil de ajudar seu subordinado a pôr em prática um *feedback* é lhe dizer quais devem ser, em sua opinião, seus próximos passos. Deixe claro se está apenas estabelecendo uma expectativa ou dando uma sugestão. Mas cuidado com o exagero: caso esteja o tempo todo prescrevendo o que deve acontecer a seguir, a equipe não aprenderá nunca a solucionar por si só os problemas. Uma abordagem mais amena seria perguntar ao subordinado: "Quais devem ser, em sua opinião, os próximos passos a serem dados?" – e deixá-lo conduzir a discussão.

> *Você pode instruir este subordinado sobre as mudanças que discutimos hoje, para que eu marque para quinta-feira a próxima avaliação?*

Uma sugestão que pode ajudá-lo em sua próxima apresentação é usar a regra de três: apenas três objetivos, três seções e três pontos principais por slide.

Com base no que dissemos, quais serão seus próximos passos?

FEEDBACK CRÍTICO OU MÁS NOTÍCIAS

Comunicar a um subordinado algo que vai desapontá-lo é ao mesmo tempo importante e inevitável. Aqui, o *como* é o que mais importa. Você pode dizer a mesma coisa de várias maneiras – variando as palavras, o tom, a linguagem corporal. Observe:

1. *Você estraga tudo. O que vou fazer com você?*
2. *Seu trabalho está uma droga. Quero saber como vai consertá-lo.*
3. *Estou preocupado com a qualidade do trabalho que você vem fazendo ultimamente. Vamos falar sobre isso?*
4. *Seus últimos relatórios não foram abrangentes o bastante para atingir o alvo. Vamos discutir os motivos e como solucionar esse problema?*
5. *Quero fazer algumas perguntas sobre seu último trabalho. Tem um minuto para falarmos a respeito?*

O bom senso diz que a primeira opção deve ser evitada como uma praga. Nada de bom pode acontecer quando você acusa alguém de estragar as coisas. Linguagem agressiva ou acusações pessoais ("Você é negligente" em vez de "Seu ato revelou negligência") colocam de imediato o interlocutor na defensiva. De repente, você se torna uma ameaça da qual ele precisa se proteger e, depois disso, é bastante improvável que vá ouvir o que você tem a dizer.

A número dois não é pessoal, mas "uma droga" continua sendo uma expressão pesada. Parece uma repreensão de mão única em que você atua como juiz e a responsabilidade de acertar as coisas fica inteiramente com seu subordinado.

Ninguém, em sã consciência, diria a número um ou a número dois – mas isso às vezes acontece. Podemos perder o controle e ficar sob o governo das emoções. Alguém diz alguma coisa que nos tira do sério e, de súbito, damos o troco. Um conselho para evitar isso? Abstenha-se quando estiver nervoso. Lamentamos aquilo que dizemos sob o domínio da raiva e, embora pontes levem meses ou anos para ser construídas, podem ser derrubadas em um instante. Portanto, observe se as veias de sua fronte estão começando a latejar, respire fundo, diga "Falaremos disso depois" e saia de cena.

A opção número cinco ("Quero fazer algumas perguntas sobre seu último trabalho. Tem um minuto para falarmos a respeito?") parece um começo de conversa atraente, e eu a usava para iniciar muitas de minhas sessões de *feedbacks* críticos. Mas é a escolha do gerente acuado. Você fica com medo de irritar seu subordinado ou não tem 100% de certeza sobre o que vai falar e, por isso, exprime suas preocupações sob a forma de "perguntas". Embora seja interessante dar *feedbacks* críticos em meio a uma aura de curiosidade ("Qual é o outro lado da história?"), não se afaste do roteiro. Na melhor das hipóteses, exprimir preocupações sob a forma de perguntas vai parecer mera dissimulação; e, na pior, seu subordinado achará que na verdade você não está realmente preocupado, assim, nada mudará.

A melhor maneira de dar *feedbacks* críticos a um subordinado é agir de forma direta, sem nenhuma carga emocional. Diga com franqueza o que acha do problema, o que o fez se sentir assim e que seria bom trabalharem juntos para resolvê-lo. Tanto a opção número três ("Estou preocupado com a qualidade do trabalho que você vem fazendo ultimamente. Vamos falar sobre isso?") quanto a número quatro ("Seus últimos relatórios não foram abrangentes o bastante para atingir o alvo. Vamos discutir os motivos e como solucionar o problema?") enquadram-se na situação, embora a número quatro leve uma ligeira vantagem, porque é mais específica na descrição daquilo que o preocupa,

Se precisar de um modelo, tente este:

Quando [ouvi/observei/examinei] sua [atuação/ comportamento/produtividade], fiquei preocupado porque...

Gostaria de entender seu ponto de vista e conversar sobre uma maneira de resolvermos isso...

Não comece com um longo preâmbulo. Não tente dourar a pílula nem disfarçar uma mensagem severa com artifícios "suaves". Quando ainda nova na função, li que a melhor maneira de dar *feedbacks* críticos era sob a forma de um "sanduíche de elogio", começando com uma observação positiva, passando para uma sugestão de aprimoramento e terminando com um tapinha nas costas, como se a única maneira de um sanduíche vegetariano ser palatável fosse revesti-lo com uma boa camada de *marshmellow*.

Achei isso pouco eficiente. Recorrer a algumas poucas palavras superficiais de elogio para amenizar uma mensagem dura parece uma atitude desonesta. Além disso, aquilo que você queria dizer de verdade pode se perder. Quais, das falas a seguir, você acha mais eficiente para induzir as pessoas a desligar o celular?

Olhe, na última reunião, você fez um bom trabalho ao abordar o ponto relativo ao orçamento. Mas tente não usar tanto o celular da próxima vez, para não desviar a atenção. Fora isso, os próximos passos que você nos indicou foram realmente bem elaborados!

Hum, notei que, quando você usa o celular durante as reuniões, isso distrai a audiência, porque sugere que ela não merece atenção. Vamos combinar de não usar mais o celular daqui por diante?

Se for dar más notícias a seu subordinado em relação a uma decisão – você escolheu outra pessoa para um posto cobiçado, vai tirá-lo do projeto, não tem mais lugar para ele na equipe etc. –, essa decisão deve ser a primeira coisa a ser tratada quando os dois se sentarem para conversar.

> *Resolvi chamar outra pessoa para comandar esta iniciativa...*

Seja assertivo. Mostre firmeza, sem dar margem a discussão. Eu falhei nisso várias vezes porque, na época, odiava ser portadora de más notícias. Assim, tentava fazer que a decisão parecesse dos dois. "Vamos discutir a liderança do Projeto Z", dizia. "Receio que você não tenha tempo para isso, pois já está fazendo muito em X e Y. Então, penso ser melhor que outra pessoa lidere Z. O que acha?"

O problema era: se nada que meu subordinado dissesse fosse me convencer a mudar de opinião, eu não estava sendo sincera agindo como se ele pudesse me fazer voltar atrás na minha decisão. E se meu subordinado respondesse: "Não, na verdade tenho muito tempo!"? Ou apresentasse uma série de razões provando que era o melhor candidato? Nesse caso, eu teria de quebrar a cabeça para inventar outra desculpa, e isso passaria a impressão de que ele não fora ouvido.

Quando você dá *feedbacks* ou toma uma decisão, seu subordinado talvez não concorde. Não há problema. Conscientize-se de que certas decisões você é que tem de tomar, pois, afinal, é o responsável pelos resultados da equipe, devendo também ter mais informações ou uma perspectiva diferente sobre o caminho certo a seguir.

A gestão por meio de consenso pode parecer uma boa ideia porque, assim, você não ofende ninguém; entretanto, não conheço um único líder influente que não precisou correr riscos e fazer algo de que outra pessoa discordasse. Aceite a discordância com respeito e prossiga: "Sei que talvez não concorde com minha decisão, mas peço-lhe que me ajude a seguirmos adiante".

Por fim, o que aprendi ao dar *feedbacks* – mesmo os mais difíceis – foi que as pessoas não são flores frágeis. Nenhum subordinado jamais me disse: "Por favor, me trate com luvas de pelica". Ao contrário, quase sempre pedem: "Quero instruções que me ajudem a melhorar". E ainda: "Seja honesta e direta comigo". Quantos de nós não queremos a mesma coisa? Falar com franqueza é sinal de respeito.

"É muito difícil dizer às pessoas que elas estão fazendo besteira", escreve Kim Scott, ex-gerente do Google e autora de *Radical Candor*. "Você não *quer* ferir os sentimentos de ninguém, pois não é sádico. Não quer que a pessoa ou a equipe o julguem um grosseirão. Além disso, aprendeu desde a infância que, 'se não tem nada de bom a dizer, não diga nada'. E agora, de repente, você precisa dizer. Precisa esquecer uma vida inteira de aprendizado."

Ainda estou me esforçando para dominar a arte do *feedback*. Todos os relacionamentos são diferentes, de modo que a frequência, o estilo e o tipo de instrução que dão certo para uma pessoa talvez não funcionem para outra. Equívocos são inevitáveis. Mas, quando você instrui corretamente e ajuda seu subordinado a progredir, não há sensação melhor.

Pouco importa o que aconteça: as habilidades que os membros de sua equipe desenvolverem ficarão com eles para sempre. No Facebook, temos um ditado imortalizado em cartazes por todo o *campus*: *"Feedback* é um presente". Custa tempo e esforço fazê-lo, mas, quando isso acontece, não há presente melhor. Portanto, vamos distribuir *feedbacks* com generosidade.

Capítulo Cinco

Gerencie-se

EVITE

ALMEJE

Quando tive meu primeiro bebê, tirei uma licença de três meses. Sabia que o retorno não seria fácil, mas não esperava uma dificuldade do tipo "Winter is Coming" [O Inverno Está chegando"]. Depois de algumas semanas, qualquer ninharia me fazia sentir sobrecarregada. Minha mente parecia o dia pós-erupção vulcânica: tudo espesso, viscoso e lento. Quando estava em casa, pensava no trabalho; quando estava no trabalho, pensava na minha casa. Minha incapacidade de atenção tornou-se fonte de um estresse debilitante.

Certa de que me transformara de repente em uma pessoa chorona e incapaz, perguntei ao meu gerente Chris se poderia ter um *coach* executivo. Foi assim que conheci Stacy McCarthy.

A primeira coisa que disse a ela logo depois de sermos apresentadas foi que precisava pôr *tudo* no lugar. Falando cada vez mais alto, comecei a citar um problema atrás do outro: áreas que precisavam desesperadamente de mais funcionários, pessoas que queriam mudar de função, uma estratégia de produto com a qual eu não concordava, e por aí vai. Imaginei que ela fosse me ajudar a simplificar todos os problemas, transformando-os em novelos de lã prontos para serem tricotados com um propósito.

Ao contrário, Stacy ouviu com calma, até eu terminar. Depois, disse: "Trataremos disso mais tarde. Mas, primeiro, por que não fazemos uma pausa? Fale-me de você".

Fiquei perplexa. Falar de mim? Mas como isso ajudaria a apagar o incêndio que precisava ser apagado?

Stacy, porém, insistiu. Perguntou-me sobre meu passado e como eu havia chegado até aqui. Conversamos sobre o futuro – *como* ele seria –, e ela pediu que eu me imaginasse aos 80 anos, sentada em uma praia e reconstituindo minha vida. O que gostaria de lembrar? Em seguida, quis saber se eu me incomodaria caso ela entrevistasse várias pessoas que trabalhavam comigo.

Respondi que não. Duas semanas depois, no próximo encontro, ela apareceu com um relatório de vinte páginas *sobre mim*. Nele, não constava nada a respeito de problemas imediatos. O maço de papéis fazia perguntas incisivas sobre a maneira como eu trabalhava. Quais eram meus pontos fortes e fracos? Eu agradava ou aborrecia as pessoas à minha volta? Qual era o meu estilo de gestão?

Lembro-me do peso do documento quando o recebi de suas mãos, bem-acondicionado em um envelope de papel pardo. Guardei-o na mochila, sem vontade de lê-lo. Só mais tarde da noite, quando o bebê já havia dormido e eu estava sozinha na penumbra, é que encontrei coragem para encarar a verdade. Respirei fundo e comecei a ler.

Naquele momento, quase sem chão e insegura, a leitura não foi fácil. Senti-me como um espécime nu e dissecado. Costumamos dizer a nós mesmos que as inquietações estão dentro de nossa cabeça, mas a verdade é que nem todos somos bons atores. Os outros sabem. Veem os defeitos que não queremos admitir: por exemplo, a ansiedade que me levava a tomar decisões precipitadas. Mas eles também são mais tolerantes para conosco do que imaginamos. Lembro-me de ter lido que era ótima em coisas pelas quais nem eu mesma me dava crédito.

Em retrospecto, aquele relatório de vinte páginas foi um dos melhores acontecimentos de minha carreira. Ajudou-me a acertar minha bússola interna. Permitiu-me entender que meus medos eram exagerados: ninguém *realmente* pensava que eu era uma chorona ou uma pessoa incapaz. E revelou também aquilo a que eu não estava dando atenção suficiente, como expectativas mais claras para mim e os demais. Sabendo onde estava, poderia seguir em frente.

Ser um grande gerente implica uma jornada altamente pessoal; e, se você não souber agir, não saberá também ajudar a equipe. Era o que Stacy tentava me dizer. Não importa quais obstáculos você enfrente, precisa primeiro mergulhar fundo dentro de *você* mesmo para se conhecer – seus pontos fortes, seus valores, as zonas de segurança, os pontos cegos, suas inclinações. Depois de se conhecer plenamente, saberá qual é o rumo certo.

TODOS, ÀS VEZES, SENTEM-SE IMPOSTORES

Ouvi pela primeira vez a expressão *síndrome do impostor* durante meu primeiro ano na faculdade. Um professor, postado em uma sala de palestras superlotada, falava sobre diferenças de gênero e citava exemplos após exemplos que me faziam estremecer. "Sim! Isso descreve exatamente como me sinto! Não mereço estar aqui neste auditório, nesta gloriosa instituição, diante de tantos alunos brilhantes. Devo ter sido trazida por engano, sorte ou bondade das estrelas. Quando perceberão que tirei boas notas por ter uma boa memória, não por ser de fato inteligente?"

Como gerente nova na função, senti a mesma coisa inúmeras vezes. "Rebekah cometeu um terrível engano. *Não tenho ideia do* que estou fazendo", minha voz interior sussurrava sempre que eu me atrapalhava em uma conversa ou lutava para tomar uma decisão.

Mas, com o passar dos anos, descobri um segredo que vale a pena repetir: às vezes, *todo* gerente se sente um impostor. Todo gerente já foi novo e teve de se debater com entrevistas, conversas 1:1 e reuniões constrangedoras. Isso é muito comum; e, em vez de fingir que somos todos patos deslizando com suavidade pela superfície da água, deveríamos admitir que, lá no fundo, estamos batendo furiosamente as pernas.

A síndrome do impostor faz você se sentir o único que não tem nada de importante a dizer quando entra em uma sala repleta de gente que você admira. Ela o faz conferir duas, três, quatro vezes um *e-mail* antes de enviá-lo, com receio de que alguém descubra erros e constate que você de fato é uma fraude. É a sensação de que está oscilando à beira do abismo, com o mundo inteiro olhando e aguardando sua queda.

Lembre-se sempre disto: sentir-se assim é absolutamente normal. Linda Hill, professora na Harvard Business School, passou anos estudando a transição para a gerência. "Pergunte a qualquer gerente novo sobre os primeiros dias como chefe – ou melhor, peça a qualquer executivo sênior que se lembre de como se sentiu nos primeiros dias como gerente. Se obtiver uma resposta honesta, ouvirá uma história que envolve desorientação e, em alguns casos, confusão total. A nova função não era nada do que imaginava. Parecia pesada demais para qualquer um."

Por que a síndrome do impostor fere com tanta gravidade os gerentes? São dois os motivos. Primeiro: você é, com frequência, procurado para dar respostas. Alguns de meus subordinados já me consultaram sobre problemas pessoais. Já me pediram permissão para fazer coisas que a empresa nunca havia feito antes, como gastar centenas de milhares de dólares em uma nova iniciativa. E já escutei indagações emocionais a respeito de inúmeras decisões que eu mesma nunca tinha precisado tomar, mas sobre as quais, ainda assim, precisei dar explicações.

Quando a navegação se torna perigosa, o gerente é quase sempre a primeira pessoa a quem os outros recorrem, pressionando-o na suposição de que ele saiba o que dizer ou fazer. E, se você não sabe, pensa naturalmente: "Estarei mesmo no emprego certo?".

Segundo motivo: você é o tempo todo forçado a fazer coisas que nunca fez antes. Digamos, por exemplo, que precise despedir alguém. Como uma pessoa deve se preparar para semelhante tarefa? Não é o mesmo que aprimorar suas habilidades no desenho ou na escrita, quando pode investir tempo à noite ou nos fins de semana para rabiscar esboços ou arquitetar histórias. Você não pode apenas estalar os dedos e dizer: "Vou praticar a arte de mandar muitas pessoas embora este mês". Não. Você precisa *empreender a tarefa real* para ganhar a experiência necessária.

A gestão não é uma habilidade inata. Não existe um "grande gerente faz-tudo" que pode transitar sem esforço entre diferentes papéis de liderança. É preciso considerar a especificidade do contexto.

Por exemplo, eu me considero uma gerente madura; mas, se fosse liderar uma equipe três vezes maior ou em uma área que não conheço bem (como vendas), é bem provável que não produziria bons resultados de imediato. Precisaria identificar meus pontos fortes nesse ambiente – como me comunicar de maneira eficaz com um grupo bem maior ou estabelecer metas de vendas adequadas –, além de dedicar bastante tempo ao aperfeiçoamento dessas habilidades.

Não importa que a síndrome do impostor erga sua horrenda cabeça o tempo todo; ela não deve assustá-lo. Nas próximas seções, estudaremos técnicas para banir as inevitáveis dúvidas e incômodos que surgirão.

SEJA RIGOROSAMENTE HONESTO CONSIGO MESMO

Passarei a lhe contar alguns fatos a meu respeito. Sinto-me mais à vontade em grupos pequenos do que em grandes. Insisto em entender a fundo o princípio inicial das coisas. Sou mais articulada ao escrever que pessoalmente. Preciso de um tempo a sós para refletir e processar fatos novos, antes de formar uma opinião. Tendo a pensar no longo prazo e, por isso, as decisões que tomo no curto prazo quase sempre se revelam impraticáveis. No final do dia, nada me dá mais satisfação do que aprender e progredir.

Por que essas coisas têm importância? Porque esses pontos fortes e fracos afetam diretamente minha maneira de gerenciar.

Alguns de meus colegas têm superpoderes muito diferentes. Entre as pessoas com as quais trabalho mais de perto, uma consegue pegar tópicos incrivelmente complicados e transformá-los em padrões fáceis de memorizar, que captam o que de fato importa. As proezas estratégicas de outro colega são tão notáveis que, a meu ver, ele deve ter sido um general cinco estrelas em uma vida passada. E um terceiro me assombra pelo modo como consegue executar bem várias tarefas ao mesmo tempo. No entanto, todas essas pessoas me disseram que também admiram certas coisas que faço.

As facetas de nossa personalidade são como os ingredientes que se juntam em uma receita. Você consegue preparar um prato delicioso com brócolis, ovos e frango? Sem dúvida. E com batatas, carne e espinafre? Também. O segredo é compreender o que funciona melhor com aquilo que encontra na geladeira.

Os grandes líderes mundiais vêm de moldes bem diferentes. Alguns são extrovertidos (Winston Churchill); outros, introvertidos (Abraham Lincoln). Há os exigentes (Margaret Thatcher) e os que nos fazem lembrar um parente querido (Madre Teresa); alguns deixam todos de boca aberta quando surgem em cena (Nelson Mandela) e outros preferem evitar os holofotes (Bill Gates).

O primeiro passo para entender como você lidera é descobrir seus pontos fortes – as coisas para as quais tem talento e que gosta de fazer. Isso é crucial, porque uma boa gestão, em geral, resulta do uso de pontos fortes, e não do reconhecimento de pontos fracos. Há vários trabalhos que o ajudarão a determinar seus pontos fortes, como *StrengthsFinder 2.0*, de Tom Rath, e *StandOut*, de Marcus Buckingham. Se quiser elaborar uma versão rápida, anote a primeira coisa que lhe vem à cabeça quando faz a si mesmo as seguintes perguntas:

- De que modo as pessoas que mais me conhecem e amam (família, parceiro, amigos íntimos) me descreveriam em três palavras?
  MINHA RESPOSTA: *ponderada, entusiasta, motivada.*

- Quais as três qualidades que possuo e de que me orgulho?
  MINHA RESPOSTA: *curiosa, concentrada, otimista.*

- Quando relembro algo de sucesso que fiz, a que traços pessoais dou crédito por isso?

MINHA RESPOSTA: *visão, determinação, humildade.*

- Quais foram as três críticas construtivas mais positivas que recebi de gerentes ou colegas?
  MINHA RESPOSTA: *tem princípios, aprende rápido, pensa no longo prazo.*

Assim como as minhas, suas respostas também deverão girar em torno de alguns poucos temas. Você deve ter percebido que meus pontos fortes são sonhar alto, aprender depressa e ser otimista. Não importa quais sejam os seus, relembre-os sempre com carinho, pois poderá contar com eles muitas e muitas vezes.

O segundo passo para se conhecer honestamente é identificar seus pontos fracos e aquilo que os provoca. Logo depois de fazer sua lista de pontos fortes, responda às seguintes perguntas:

- Quando meu crítico interior mais severo fala comigo, o que ele censura?
  MINHA RESPOSTA: *distraio-me, preocupo-me demais com a opinião alheia, não expresso aquilo em que acredito.*

- Se uma fada aparecesse e me desse três presentes que ainda não possuo, quais seriam eles?
  MINHA RESPOSTA: *um poço sem fundo de confiança, lucidez de pensamento, capacidade incrível de persuasão.*

- Quais são as três coisas que mais me provocam? (Uma provocação é uma situação que nos deixa mais exaltados do que deveríamos ficar.)

MINHA RESPOSTA: *falta de senso de injustiça, a ideia de que alguém me acha incompetente, pessoas com egos inflados.*

- Quais são as três críticas construtivas mais comuns de meu gerente ou colegas sobre como me tornar mais eficiente?

  MINHA RESPOSTA: *seja mais direta, assuma mais riscos, dê explicações de maneira simples.*

De novo, você pode notar aqui a repetição de alguns temas. Os maiores obstáculos que se erguem em meu caminho são a insegurança, a tendência à complexidade e a incapacidade de ser clara e direta o bastante.

Ok. Agora que temos essas listas, o próximo passo é o *ajuste*, ou seja, confirmar se a visão que temos de nós mesmos se harmoniza com a realidade. Isso é mais difícil do que parece. Nossa autopercepção é como uma montanha-russa. Às vezes, lutamos contra a autopiedade. Cometemos um erro, e nosso crítico interior grita que não valemos nada. Outros dias, pensamos que somos o máximo. (Há até uma expressão para designar a tendência cognitiva de pessoas sem grande capacidade que se julgam melhores do que são: *o efeito Dunning-Kruger*.)

O ajuste é importante porque não lucro nada imaginando que sou uma coisa quando o mundo me vê de outra maneira. Por exemplo, se penso ser uma grande oradora, mas todos acham meus discursos enfadonhos, tomarei uma péssima decisão me dispondo a apresentar uma boa ideia em vez de pedir que alguém mais qualificado o faça. Pior ainda, as pessoas começarão a desconfiar do que digo, pois concluirão que tenho um senso distorcido da realidade.

Para aprimorar a autopercepção e ajustar os pontos fortes e fracos, precisamos encarar a verdade sobre quem de fato somos pedindo a outros uma opinião neutra. O objetivo não é forçar elogios; é dar aos colegas uma oportunidade de serem honestos – mesmo que de maneira exagera – a fim de que obtenhamos uma informação acurada. Assim como você dá *feedbacks* a seus subordinados, poderá aprender muito sobre si mesmo empregando a seguinte tática:

- Peça a seu gerente que o auxilie a se ajustar fazendo-lhe estas duas perguntas:

  Quais oportunidades você visualiza para que eu faça mais vezes o que faço de melhor? O que, em sua opinião, está me impedindo de progredir?

  Que habilidades, na sua opinião, teria uma pessoa hipoteticamente perfeita em minha função? Para cada habilidade, que nota me daria, de 1 a 5, em comparação com essa pessoa ideal?

- Escolha de três a sete pessoas com quem você trabalha e pergunte-lhes se estariam dispostas a lhe dar *feedbacks* para ajudá-lo em seu desenvolvimento profissional. Mesmo que a empresa já disponha de um processo de *feedbacks* de 360 graus, vai ser útil explicar exatamente o que deseja saber, garantindo que apreciará a honestidade, e não tapinhas nas costas.

Veja este exemplo:

Olá, valorizo suas opiniões e quero ser um membro mais eficiente na equipe. Poderia responder às perguntas abaixo para mim? Por favor, seja o mais honesto possível, porque isso me ajudará bastante – e prometo não me ofender com nada do que disser. Um feedback *será uma dádiva, e desde já agradeço por seu tempo.*

Exemplos de perguntas específicas:

No último projeto em que trabalhamos juntos, no que achou que me saí melhor? O que acha que eu poderia ter feito para me sair melhor ainda?
Em minha equipe, quais tarefas estou cumprindo tão bem que você gostaria de me ver fazendo mais vezes? E o que devo parar de fazer?
Estou trabalhando em algo que será decisivo. Como acha que estou me saindo? Tem alguma sugestão para eu melhorar?

- Peça *feedbacks* específicos a tarefas para fazer ajustes quanto a certas habilidades. Por exemplo, se não tiver muita certeza de que é um bom orador, depois de uma apresentação, procure algumas pessoas e diga-lhes: "Quero aperfeiçoar minhas habilidades de oratória.

Onde acham que me saí bem na apresentação? O que a tornaria ainda melhor?".

Neste ponto, devo fazer uma pausa para reconhecer que pedir *feedbacks* é algo difícil. Talvez, depois de ler as sugestões acima, você tenha estremecido à ideia de segui-las.

Levei anos para me sentir à vontade ao pedir *feedbacks* a outras pessoas (sem considerar as avaliações formais, quando elas eram obrigatórias). Por quê? Por causa da síndrome do impostor. Como sempre achava não ser boa o bastante, evitava fazer qualquer coisa que confirmasse essa noção. Imaginava alguém que eu respeitasse muito dizendo-me que, sim, de fato eu não estava fazendo X ou Y muito bem. Eles podiam me desmascarar! Por isso, fiquei de boca fechada e aguentei firme, fingindo que tudo ia às mil maravilhas.

É preciso certo grau de confiança para pedir *feedbacks* críticos. Para mim, a mudança ocorreu quando percebi que precisava mudar de mentalidade. Se visse cada desafio como um teste de meu valor, ficaria preocupada o tempo todo com o que eu era, e não com como poderia progredir. É mais ou menos como se preocupar mais com as notas da prova do que com o conteúdo que está sendo ensinado.

Por outro lado, se eu encarasse os desafios acreditando que poderia ser melhor em tudo caso me esforçasse, o círculo vicioso da autoavaliação carregada de ansiedade se romperia. Pouco importa se tenho ou não determinada habilidade; a noção de que está em meu poder progredir me permitiu aprender com curiosidade, e não com apreensão. E a recompensa foi grande – jamais saberia que meus *feedbacks* eram vagos e confusos se não houvesse solicitado aquele comentário de um colega. Depois de ouvi-lo, pude me esforçar para tornar minha fala mais precisa e útil, e hoje esse é considerado um de meus pontos fortes.

Na destacada obra *Mindset*, a psicóloga pioneira Carol Dweck afirma que duas mentalidades diferentes – que ela chama de *fixa* e de *crescimento* – fazem grande diferença em nosso desempenho e felicidade pessoal. Observe esta diferença:

CENÁRIO: Após realizar uma tarefa, seu gerente lhe dá algumas sugestões para melhorar.

MENTALIDADE FIXA: *Hum, de fato confundi as coisas. Meu gerente deve achar que sou um idiota.*

MENTALIDADE DE CRESCIMENTO: *Ainda bem que meu gerente me deu essas dicas. Agora, farei melhor todas as tarefas futuras.*

———

CENÁRIO: Perguntam-lhe se gostaria de liderar um novo projeto, arriscado e desafiador.

MENTALIDADE FIXA: *Acho melhor recusar. Não quero fracassar nem me meter em encrenca.*

MENTALIDADE DE CRESCIMENTO: *Eis aí uma grande oportunidade de progredir, aprender algo novo e ganhar experiência para liderar outros grandes projetos mais à frente.*

———

CENÁRIO: Você acaba de ter uma conversa 1:1 tensa com sua subordinada Alice.

MENTALIDADE FIXA: *Devo agir como se a conversa tivesse sido boa, para parecer que sei o que faço.*

MENTALIDADE DE CRESCIMENTO: *Vou perguntar a Alice como ela se sentiu em relação à conversa e como poderemos ter discussões mais produtivas no futuro.*

———

CENÁRIO: Você ainda está trabalhando em uma proposta, e John pede para se inteirar de seu progresso.

MENTALIDADE FIXA: *Não quero mostrar nada a John agora porque a proposta ainda é apenas um esboço. Isso me faria parecer incompetente.*

MENTALIDADE DE CRESCIMENTO: *Os feedbacks de John podem mesmo ajudar. Na verdade, o melhor é mostrar meu esboço para mais pessoas, pois assim me anteciparei a prováveis objeções.*

Seu ponto de vista pode mudar tudo. Com uma mentalidade fixa, suas ações são governadas pelo medo – medo de fracassar, medo de ser julgado, medo de ser desmascarado como impostor.

Com uma mentalidade de crescimento, você se sente motivado a buscar a verdade e pedir *feedbacks* porque sabe ser esse o caminho mais rápido para alcançar seu objetivo.

CONHEÇA-SE NO QUE TEM DE MELHOR E DE PIOR

Além dos pontos fortes e fracos, o próximo passo para você se conhecer consiste em descobrir quais ambientes são propícios ao seu desenvolvimento e quais situações lhe provocam uma reação negativa. Isso vai lhe permitir organizar seu cotidiano para atender às suas necessidades.

Com o passar dos anos, eis o que aprendi sobre o que é favorável ao bom desenvolvimento do meu trabalho:

- Ter dormido pelo menos oito horas na noite anterior.
- Fazer algo de produtivo na parte da manhã, o que me motiva a seguir em frente.
- Saber o que quero obter antes de começar.
- Contar com a confiança e a amizade das pessoas com quem trabalho.
- Conseguir processar uma informação sozinha (e por meio da escrita) antes de grandes discussões ou decisões.
- Sentir que estou aprendendo e progredindo.

Depois que compreendi esses fatos, consegui mudar alguns hábitos e, assim, atuar com mais facilidade no meu ambiente ideal. Eis alguns exemplos:

- Aciono vários alarmes "prepare-se para dormir" às 22 horas, às 22h15 e às 22h30, para que minha cabeça repouse no travesseiro às 23 horas em ponto.
- Faço exercícios matinais com duração de 10 a 15 minutos, logo depois de me levantar. Não é muito, mas me dá uma sensação de realização que me mantém alerta pelo resto do dia.
- Reservo meia hora de "preparação diária" em minha agenda, para poder estudar o que farei e visualizar como quero que decorram cada reunião ou tarefa.
- Esforço-me para ser amiga dos meus colegas e saber algo da vida deles fora do trabalho.
- Reservo um "tempo para pensar" na agenda, a fim de refletir sobre os grandes problemas e registrá-los por escrito.
- Duas vezes por ano, rememoro os últimos seis meses e procuro descobrir onde me saí melhor. Em seguida, estabeleço novos objetivos de aprendizado para os próximos seis meses.

Esses pequenos hábitos me conferiram um senso mais profundo de controle. Não são, de modo algum, perfeitos – mesmo dormindo bem e fazendo exercícios, às vezes termino o dia sentindo-me esgotada. Encontros e tarefas nem sempre acontecem da maneira que planejo. Pode acontecer que dias (ou semanas) passem sem que meu "tempo para pensar" leve a alguma coisa. Entretanto, esses passos, por pequenos que sejam, fazem diferença para que eu pense e trabalhe de maneira satisfatória.

Outras pessoas têm preferências muito diferentes quanto ao que as ajuda a fazer um bom trabalho. Uma de minhas amigas é "matinal": acorda sempre às cinco horas da manhã e a primeira parte do dia é, para ela, a mais produtiva. Ela encara nesse período os problemas mais desagradáveis, deixando os outros para mais tarde. Um amigo organiza sua agenda de modo a ter o mínimo possível de mudanças de contexto. Todas as suas reuniões e telefonemas são sequenciados em blocos longos e ininterruptos.

Se você não tem certeza de como é seu ambiente ideal, faça a si mesmo as seguintes perguntas:

- Quais foram os seis meses de minha vida em que me senti mais animado e produtivo? O que me deu tanta energia?
- No mês passado, que momentos se destacaram? Que condições permitiram que eles ocorressem? Eles podem ser recriados?
- Na semana passada, quando estive profundamente concentrado? Como isso aconteceu?

O outro lado da moeda é compreender quais situações provocam a reação contrária – isto é, provocam uma atitude intensamente negativa, a ponto de comprometer sua eficiência. O que diferencia um gatilho de uma reação negativa normal é que aquele provoca um efeito exagerado em *você*, especificamente. Por exemplo, todo gerente fica desapontado se um candidato promissor recusa sua oferta ou se um funcionário brilhante lhe entrega uma carta de demissão. A pergunta mais interessante é: Quais são as coisas que o estimulam, mas não estimulam os outros? É então que você corre mais risco de parecer irracional.

Um de meus gatilhos, por exemplo, é a injustiça. Se algo não me parece justo, minha pressão sanguínea sobe e meu coração dispara. Transformo um outeiro em uma montanha ao discutir com os outros com teimosia, mesmo não dispondo de informações. Como bem se pode adivinhar, isso quase nunca leva a um diálogo produtivo.

Conhecendo seus gatilhos, você pode se conter por um instante, antes de responder de cabeça quente. Se paro por cinco minutos para me acalmar, consigo prosseguir de maneira mais contida.

É conveniente confessar quais são seus gatilhos e saber quais são os dos outros. Uma vez que estamos conectados de várias maneiras, seus colegas talvez ignorem como o comportamento deles o afeta e vice-versa.

Tive um colega que queria falar pela equipe inteira em avaliações de executivos, inclusive em áreas que não conhecia bem. Minha ânsia de justiça vinha à tona sempre que ele abria a boca. "É uma falta de consideração não deixar que os colegas falem pela própria área de atuação", eu pensava. Quando lhe falei sobre isso pessoalmente, ele pareceu surpreso, mas me agradeceu pela informação. Nunca lhe havia ocorrido que poderia passar a impressão de estar tentando ganhar crédito pelo trabalho dos outros. Ele apenas achava que, agindo daquele modo, ajudava a tornar mais eficiente o processo de avaliação. Depois disso, foi prática recorrente de sua parte voltar os holofotes aos outros, sempre que podia.

Algumas pessoas são provocadas por quem parece arrogante e egoísta. Outras ficam possessas quando um mínimo detalhe não soa perfeito. Talvez você se encolha quando alguém se expressa de maneira agressiva ou exagerada; ou talvez perca a paciência quando um membro da equipe leva dias para responder às suas mensagens.

Os gatilhos ocupam o espaço entre sua área de crescimento e a de outra pessoa – você pode controlar suas reações, mas o outro costuma se beneficiar quando você dá um *feedback*.

Para descobrir quais são seus gatilhos, faça a si mesmo as seguintes perguntas:

- Quando alguém disse algo que me irritou além dor normal se comparado à reação dos demais presentes? Por que fiquei tão irritado?
- Quais são, no entender de meus amigos mais próximos, minhas implicâncias?
- Quem é a pessoa com quem me antipatizei logo de início? O que me fez sentir dessa maneira?
- Em que ocasião reagi de maneira exagerada e depois me arrependi? O que me tirou do sério naquele instante?

Saber o que o põe para cima ou para baixo é de suma importância. Assim como os atletas estruturam a dieta e os exercícios para se manter no ápice de sua condição, o esforço que fizer para funcionar no nível máximo o levará a mais vitórias profissionais.

RECUPERE A CONFIANÇA QUANDO ESTIVER NO FUNDO DO POÇO

Não importam quais sejam as reviravoltas de seu caminho como gerente, em certos dias, você sentirá a síndrome do impostor de maneira tão vívida que poderá cair em um poço fundo e escuro. Todo gerente que conheço já esteve nesse lugar, onde os comentários mordazes do crítico interior ecoam pelas paredes, transformando sussurros em gritos.

No Poço, você está completamente sozinho. A dúvida é sua trilha sonora, o medo é seu alimento. Você questiona todas as decisões enquanto procura com desespero um ponto de apoio sólido. Tudo o que quer é recuperar a confiança – saber para onde ir e o que deve fazer. Mas não consegue encontrar a saída.

Eu me vi no Poço quando, com um novo colega, comecei a trabalhar em uma importante iniciativa. Desde o começo, batemos cabeças sobre a estratégia do produto. Cada um estava tão convencido de ter razão que toda decisão parecia uma onda gigante se alvoroçando sobre o frágil castelo de areia de nosso relacionamento profissional. Lembro-me de que trocávamos longos *e-mails* sobre detalhes insignificantes do produto. Sob tudo isso, fluía uma corrente de desconfiança – acusações como

"Você não está ouvindo direito", "Você não sabe o que está dizendo" e "A decisão é minha, não sua".

Aquilo era terrível. Eu sabia que nosso relacionamento precisava melhorar – mas como? Seria eu a errada? Talvez, realmente, eu não soubesse o que estava dizendo.

Rememorando hoje aquela época, percebo que minhas dúvidas fizeram muito por mim. Aprendi bastante graças àquela difícil colaboração e consegui uma caixa de ferramentas melhor para escapar do Poço. Se você se encontrar na mesma situação, leia as dicas a seguir para controlar de maneira mais eficiente seu estado mental.

Não se condene por estar se sentindo mal

Uma das piores partes da reclusão no Poço é a dupla pressão de lutarmos contra algo *e* nos preocuparmos com o fato de ter de lutar contra isso. *Por que esta situação é tão difícil para mim?*, diz o crítico interior. *Se eu fosse mais inteligente, ousado ou talentoso, tudo correria bem.* Se você se sentir culpado pela maneira como é, estará criando ainda mais pressão sobre si mesmo.

Reconheça que todas as pessoas neste mundo enfrentam tempos difíceis e dê a si mesmo permissão para se preocupar. Não pague imposto duplo sobre sua carga mental. Encontrei duas táticas que me ajudaram: a primeira é escolher uma figura pública que você admira, alguém que parece levar uma vida perfeita, e pesquisar no Google sobre "conflitos de [nome da pessoa]". Sempre há uma história. Eis uma maneira fácil de lembrar que estar no Poço é uma situação universal.

A segunda tática consiste em admitir que você está se sentindo mal. Pegue um pedaço de papel e escreva: "Estou muito estressado por causa de X". Esse pequeno gesto de reconhecimento de suas preocupações pode mudar sua atitude para com elas. Isso feito, é possível fazer progresso quanto ao tal conflito.

Repita comigo: "Há grandes chances de a história que está na minha cabeça ser irracional"

Somos tendenciosos, você se lembra? Em parte, isso se dá porque nosso cérebro foi condicionado a tomar atalhos para tirarmos conclusões mais depressa. Eis a causa dos estereótipos. Quando você vê uma pessoa de óculos com lentes grossas com uma pilha de livros didáticos, pode concluir que se trata de um bom matemático, embora não disponha de nenhuma prova a respeito.

Ocorre o mesmo com nossa percepção de eventos. Depois que reunimos alguns dados, tentamos elaborar uma narrativa completa em torno deles, mesmo sem termos todos os fatos. E, quando estamos no fundo do poço, a história tende a ser a pior possível.

Digamos, por exemplo, que você esteve se debatendo com a síndrome do impostor e descobriu que não foi convidado para uma reunião. Talvez conclua: "Meus colegas não me convidaram porque não achavam que eu seria útil".

Temos aqui um exemplo tão comum que, ao longo dos anos, muitas pessoas me procuraram confessando essa preocupação. Eu dizia então: "Vamos investigar isso a fundo". Procurava em seguida os organizadores da reunião e perguntava: "Por que X não foi convidado?" Eis as respostas que me davam:

1. *Não queria ocupar o tempo de X e fazê-lo se sentir obrigado a comparecer.*
2. *Não pensei que X se interessasse pelo tema da reunião.*
3. *Cometemos um erro involuntário.*

Só uma vez a resposta foi do tipo "Não achamos que X seria útil" (literalmente: "Receávamos que as opiniões fortes de X levassem a conversa para outros rumos").

As histórias que contamos a nós mesmos, baseadas em provas insuficientes, são quase sempre equivocadas, sobretudo se estivermos no fundo do poço. Nove vezes em dez, a outra pessoa não deseja prejudicá-lo. Seus colegas não o consideram um idiota. E, sim, você merece o emprego!

Quando uma história negativa toma conta de seu cérebro, detenha-se por um instante e procure descobrir se sua interpretação é correta. Há visões alternativas que não esteja considerando? O que poderia fazer para chegar à verdade?

Às vezes, apenas endireitar os ombros e perguntar: "Por que não fui convidado para a reunião?" o afastará de especulações, colocando-o no caminho do esclarecimento. Ainda que tenha medo da resposta, confrontar a realidade é sempre melhor que ruminar desastres na cabeça.

Feche os olhos e visualize

Estudos sobre imagens cerebrais mostram que, quando nos imaginamos fazendo alguma coisa, acionamos as mesmas partes do cérebro empenhadas na atividade *real*, quando ela é exercida. Qual é a importância disso? É podermos nos enganar e supor auferir alguns dos benefícios de uma atividade com o simples ato de fechar os olhos e imaginar o fato em nossa mente.

O psicólogo australiano Alan Richardson descobriu que um grupo de jogadores de basquete instruídos a se visualizarem fazendo lances livres todos os dias, sem a prática física, saíram-se quase tão bem quanto outro grupo que praticava esses lances por 20 minutos diariamente. Outro estudo comparou pessoas que iam à academia todos os dias com um grupo que se imaginava treinando. O grupo que ia à academia diariamente aumentou sua força muscular em 30%; o outro, que só se exercitava em imaginação, aumentou-a em 13,5% – quase a metade do benefício!

O lendário golfista Jack Nicklaus escreveu certa vez: "Nunca acertei uma tacada, mesmo treinando, sem antes ter dela uma imagem bem clara, bem definida, em minha cabeça. É como um filme em cores".

A visualização não apenas melhora os resultados como também ajuda a recuperar a confiança quando estamos no fundo do poço. Se se sentir paralisado, eis alguns exercícios para você fazer:

Imagine que a ansiedade, o medo e a confusão que você sente não são sentimentos apenas seus, mas universais, que todos têm de encarar. Um exemplo que me ocorre é o de Sheryl Sandberg: ela admite, em seu livro *Lean In*, que se preocupava tanto com o que os colegas pensariam ao vê-la sair do escritório às cinco da tarde, que ela se esgueirava para fora do edifício quando ninguém estava vendo. Outro exemplo é o de Reese Witherspoon confessando que quase não aceitou o convite para ser embaixadora de causas femininas porque ficava aterrorizada com a ideia de dar palestras diante de grandes audiências. Essas duas mulheres são muito bem-sucedidas e constituem modelos de comportamento. No entanto, enfrentam as mesmas dúvidas que eu, porque essas emoções são perfeitamente humanas.

Imagine-se obtendo um enorme sucesso em uma atividade que o deixa nervoso. Vai fazer uma grande apresentação amanhã? Veja-se entrando na sala com um largo sorriso para a audiência, postando-se ereto diante dela e falando com firmeza. Imagine a multidão atenta e concordando com gestos de cabeça quando alguém faz uma pergunta difícil e você responde com confiança.

O segredo da visualização bem-sucedida é tornar a cena o mais detalhada possível.

Relembre uma ocasião em que enfrentou um sério desafio e o venceu. Reviva essa experiência nos mínimos detalhes. Em princípio, o desafio não lhe parecia assustador? Recorde como abordou o problema e o momento em que percebeu estar indo bem. Concentre-se, sobretudo, na sensação final de êxito – o orgulho que sentiu, os cumprimentos que recebeu, a confiança que ganhou.

Imagine uma sala repleta de pessoas amigas revelando-lhe o que mais gostam em você. Imagine-as sentadas em círculo e cada uma, na sua vez, mostrando-lhe amor e admiração. Gosto de recordar as falas de familiares e amigos no dia de meu casamento: foi maravilhoso ter tantas provas de afeição.

Imagine como seria seu dia se você estivesse fora do poço. Feche os olhos e percorra cada hora da agenda. Concentre-se no estado mental em que gostaria de estar – por exemplo, enérgico ao se levantar, saciado e satisfeito após o café com ovos mexidos, amistoso ao entrar no escritório e dizer alô aos colegas, atento durante a primeira reunião etc.

A visualização é uma ferramenta poderosa que não exige muito tempo – apenas alguns poucos minutos e um lugarzinho sossegado para relaxar. Crie o hábito de dar a si mesmo um empurrão de autoconfiança diante de qualquer problema que surgir.

Peça ajuda a pessoas com quem você possa ser franco

Durante anos, quando me via no fundo do poço, eu mordia os lábios e ficava quieta. Tal como diz o ditado: "Finja até ser verdade", eu pensava que, simulando ter tudo sob controle, acabaria por não me sentir mais uma fraude e ninguém perceberia nada.

Essa linha de pensamento era um completo equívoco. Eu me negava o alívio de poder falar sobre meus medos a pessoas confiáveis e, assim, contar com a empatia e o aconselhamento delas.

Admitir problemas e pedir ajuda é o oposto de ser fraco – na verdade, revela coragem e autoconsciência. Agindo assim, você deixa claro que se preocupa mais com aprender do que com lisonjear seu ego. Nós nos beneficiamos tremendamente quando os outros compreendem nossa situação. Uma pesquisa revelou que grupos de apoio são muito eficientes, mesmo no caso de graves condições de saúde mental. Em outro exemplo, 82% das pessoas com transtorno bipolar relataram que passaram a conviver melhor com a doença depois de participar de um grupo de autoajuda.

Eu tive essa experiência em primeira mão. Há alguns anos, fundei o Lean In Circle com uma dezena de outras mulheres da empresa. Duas horas por mês, caminhávamos pela sala contando nossos problemas – relacionamentos difíceis, incertezas quanto à carreira, a luta para conciliar família e trabalho. Lágrimas não eram incomuns, pois alguns dos desafios eram de fato bem difíceis. Mas nunca me esquecerei do calor humano e da camaradagem, bem como do que esse apoio significou para nós. Quando podíamos, trocávamos apoio e conselhos; e, quando não podíamos, trocávamos um abraço e nos dispúnhamos a ouvir a outra com simpatia.

Seja com a família, os melhores amigos, instrutores ou colegas de confiança, encontre seu grupo de apoio. Use-o como um líder de torcida ou uma caixa de ressonância. Nenhum homem/mulher é uma ilha; a comunidade pode iluminar seu caminho e lhe dar a mão para resgatá-lo do poço.

Comemore as pequenas vitórias

Quando você está no fundo do poço, fica o tempo todo remoendo os fracassos e indagando se possui o que é necessário para vencer. Uma das maneiras de romper esse ciclo negativo é contar a si mesmo uma história diferente. Em vez de pensar "O que não estou fazendo bem?", concentre-se naquilo em que está sendo bem-sucedido.

Durante um período particularmente difícil no trabalho, confidenciei a uma colega as dificuldades que enfrentava. Não conseguia contratar funcionários rápido o bastante para acelerar todos os projetos que precisavam de liderança em *design* e, por isso, sofria todos os dias uma tremenda pressão. Ela respondeu que, embora a situação fosse ruim, eu não estava falhando em tudo o que fazia. De fato, uma de minhas postagens recentes a tinha impressionado e ela a compartilhara com a equipe inteira. "Foi muito útil para nós", disse. "Obrigada por tê-la escrito."

Suas palavras me impressionaram muito. Compreendi que antes encarava meus textos, assim como as outras responsabilidades – avaliação do trabalho de *design*, instrução, planejamento operacional –, como rotina, não como coisas valiosas.

Inspirada por essa conversa, passei a escrever um diário intitulado *Pequenas Vitórias*. Todos os dias, anotava alguma tarefa, mesmo pequena, que me havia deixado orgulhosa. Às vezes, comemorava uma conversa 1:1 em que tinha transmitido ao interlocutor um conselho útil. Em outras ocasiões, dava crédito a mim mesma por ter presidido uma reunião produtiva. Certa vez, em um dia particularmente difícil, escrevi que havia conseguido responder sem demora a uns poucos *e-mails*.

Estudos mostram que, se você anotar todas as noites cinco coisas pelas quais se mostre agradecido, vai se sentir mais feliz no longo prazo. Quando achar que precisa aumentar o grau de autoconfiança, faça isso, concentrando-se naquilo em que está se saindo bem.

Envolva-se no trabalho, mas com limites

Quando sua vida profissional o sufoca, isso pode facilmente contaminar outras áreas. Às vezes, está tão sobrecarregado com um projeto que passa noites e fins de semana trabalhando. Ou não consegue parar de pensar na agenda, mesmo quando o resto do mundo já foi dormir.

Resista a isso. Estabeleça limites arranjando tempo para outros aspectos importantes de sua vida – tempo para os entes queridos, *hobbies*, exercícios, a comunidade etc. Em diversos estudos, vê-se que o estresse no trabalho inibe a criatividade, ao passo que, "quando se sentem menos pressionadas, as pessoas costumam ser mais criativas", segundo palavras de Teresa Amabile, professora da Harvard Business School e autora de *The Progress Principle.*

Quando estou sobrecarregada, reservo 15 minutos no início e no fim do dia para uma atividade não relacionada ao trabalho. Assisto a um *TED Talk*, distraio-me com um joguinho no *iPhone*, resolvo palavras cruzadas, faço ginástica ou leio. É pouco tempo, mas me ajuda a traçar uma linha na areia e dizer: "Não importa o que aconteça, sempre reservarei um tempo para mim".

Você não pode fazer um bom trabalho se não estiver se sentindo fisicamente bem. Portanto, cuide-se. Isso sempre vale a pena.

APRENDA A SER DUAS VEZES MELHOR

Há cinco anos, lembro-me de estar na cama às três horas da madrugada, antes de uma grande palestra. Minha mente passeava furiosamente pelos *slides*. Meu estômago revirava como se eu navegasse por um mar tempestuoso. Pensei em meus oradores favoritos e perguntei-me como eles conseguiam fazer aquilo. Como devia ser bom, pensei, postar-se diante de centenas de pessoas e sentir entusiasmo, não terror! Como devia ser bom *dormir* serenamente na véspera, sem ter de disfarçar as olheiras na manhã seguinte!

Voltando ao presente. Estou nos bastidores, uma hora antes da hora marcada para falar a milhares de pessoas. Outro orador caminha de um lado para outro, consultando uma ficha enquanto recita as frases iniciais de sua palestra. De repente, olha para mim, esboça um sorriso amarelo e diz: "Você parece mais fria que uma barra de gelo". É um grande cumprimento. Ele tem razão: não estou nervosa mesmo. Meu sono na noite anterior foi profundo e agradável. E *me sinto* sinceramente entusiasmada!

O que havia acontecido em anos passados? Eu tinha feito cursos completos de oratória? Tornei-me guru no PowerPoint e no Keynote? Uma fadinha sussurrou em meu ouvido um novo e impressionante método para acalmar os nervos?

A resposta, na verdade, é bem previsível e tediosa. Pratiquei e melhorei. Foram anos gaguejando diante de minha equipe, durante as reuniões semanais. Houve apresentações e palestras que insisti em fazer mesmo sabendo que me atormentariam na noite anterior. Houve entrevistas para a imprensa e sessão de perguntas e respostas, mesas-redondas e aparições na TV. Cada evento tornava o seguinte mais fácil.

A gestão é uma jornada bastante pessoal, como já mencionei. Cada um de nós tem seu ritmo. Alguns são inicialmente mais bem-sucedidos que outros em relação a determinadas habilidades. Eu era introvertida, com tendência a ficar paralisada ou a divagar diante de grandes audiências. Hoje, não sou uma oradora excepcional, mas progredi bastante, tanto em habilidades quanto em confiança.

Depende de você ser mais ou menos eficiente: de seus pontos fortes e áreas de crescimento, de sua personalidade e seus valores. Depende também da cultura e dos objetivos da empresa – uma pequena barraca de limonada com poucos empregados não é a mesma coisa que uma empresa grande, com dezenas de milhares de pessoas.

A natureza do caminho individual significa que a maior parte do aprendizado ocorrerá com a prática. Quer você precise aperfeiçoar sua comunicação, executar melhor suas tarefas, ser mais estratégico ou trabalhar com mais eficiência com os outros, estabeleça um objetivo ambicioso para si mesmo: "Como posso ser duas vezes melhor?" Então, maximize o aprendizado da maneira apresentada a seguir.

Peça *feedbacks*

Após um capítulo inteiro sobre a importância de dar *feedbacks* aos subordinados, o que vou dizer não será surpresa: se há um tempero secreto para o autoaprimoramento, esse tempero é pedir *feedbacks* a outras pessoas *o tempo todo*. O único obstáculo que você precisa superar é a si mesmo. Você faz perguntas frequentes? Consegue ser humilde e autoconsciente o bastante para ouvir o que lhe dizem e responder com mudanças concretas?

Lembre-se de pedir *feedbacks* não só específios a tarefas, mas também comportamentais. Quanto mais claro você for a respeito daquilo que quer saber, melhor. Se perguntar: "Como acha que foi minha apresentação?", provavelmente ouvirá: "Acho que foi boa" – o que não ajuda muito. Em vez disso, insista nos detalhes e torne fácil para o interlocutor dizer algo mais proveitoso. "Estou trabalhando para tornar minhas palavras mais claras nos primeiros 30 minutos. Será que consegui? Como poderei torná-las ainda mais claras da próxima vez?"

Agradeça sempre pelos *feedbacks* que receber. Ainda que não concorde com eles, receba-os de boa vontade e reconheça que exigiram esforço para serem feitos. Se notarem que você fica na defensiva, as pessoas lhe darão menos *feedbacks* no futuro, o que poderá prejudicar seu crescimento.

Trate seu gerente como um *coach*

Considerando o que dissemos sobre o papel dos gerentes, seu chefe deve ser uma de suas melhores fontes de aprendizado. Esse, porém, nem sempre é o caso. Talvez ele não acompanhe de perto seu trabalho ou esteja ocupado apagando outros incêndios – ou, ainda, não se interesse muito por orientá-lo como você gostaria.

Contudo, a pessoa mais interessada em sua carreira não é ele: é *você*. Seu crescimento profissional está em suas mãos, de modo que, caso perceba não estar aprendendo muita coisa com seu gerente, pergunte-se como deve agir para ter o relacionamento que deseja.

Um dos maiores obstáculos que encontrei foi o fato de as pessoas recearem pedir a ajuda dos gerentes. Conheço bem esse sentimento; durante anos, cultivei o modelo mental de que meu chefe – assim como meus professores do passado – era alguém em posição de autoridade que observava meus atos e os julgava. Assim, a interação com meu gerente poderia ser resumida em poucas palavras: "Não estrague as coisas". Para mim, seria um fracasso vê-lo se envolver em uma tarefa de minha responsabilidade. Era o equivalente a um anúncio luminoso piscando a mensagem: "Aviso: funcionária incompetente para cuidar sozinha da tarefa".

Mas hoje sabemos que a função de um gerente é ajudar sua equipe a obter os melhores resultados. Quando você se saí bem, o mesmo ocorre com ele. Portanto, o gerente é alguém que está do lado do funcionário, que quer o sucesso dele, que se dispõe a investir tempo e energia para ajudá-lo. O segredo é tratar o gerente como um *coach*, não como um juiz.

Você consegue imaginar uma estrela do atletismo tentando esconder seus pontos fracos do treinador? Você diria a um *personal trainer*: "Ah, estou em forma, tenho tudo sob controle" caso ele lhe perguntasse se queria ajuda para melhorar seu desempenho? Claro que não. Não é assim que funciona o relacionamento com um *coach*.

Em vez disso, peça *feedbacks* a seu gerente. Pergunte: "Que habilidades você acha que eu deveria aperfeiçoar para ser mais eficiente?". Comunique-lhe seus objetivos pessoais e peça ajuda: "Quero ser um apresentador melhor, por isso ficaria grato se me arranjasse a oportunidade de falar em público". Conte-lhe seus problemas mais difíceis para que ele possa ajudá-lo a resolvê-los. "Tenho dois candidatos a um cargo, cada um com os respectivos pontos fortes. Posso lhe falar sobre minha opinião e ouvir seu conselho?"

Quando comecei a encarar as conversas 1:1 com meu gerente como uma oportunidade para aprender de maneira direcionada, ganhei muito mais com elas. Mesmo quando não estou às voltas com um problema, faço perguntas gerais do tipo: "Como você escolhe as reuniões às quais comparece?" ou "Como você recomenda um candidato?", para explorar os conhecimentos de meu gerente e aprender algo novo.

Transforme qualquer um em mentor

Nenhuma regra nos obriga a ter apenas um *coach*. Na verdade, o mundo está repleto de gente capaz de nos ensinar alguma coisa. Um mentor é isto: alguém que compartilha seus conhecimentos para ajudá-lo a aperfeiçoar-se. Sem grandes formalidades. Sheryl Sandberg, em seu livro *Lean In*, adverte contra a noção de um mentor como alguém fora do comum. Ninguém quer que lhe perguntem: "Gostaria de ser meu mentor?", pois isso soa como carência e perda de tempo. Ao contrário, peça conselhos *específicos* e encontrará dezenas de pessoas dispostas a ajudar.

As pessoas de seu grupo – que têm a mesma função que você –, em particular, podem ser uma excelente fonte de apoio e conselhos. Tenho um grupo de amigos, gerentes de *design*, com quem me encontro todos os meses. Como nossas responsabilidades são parecidas, podemos discutir tendências de mercado, dividir a simpatia por desafios comuns e trocar dicas sobre o modo de encarar as críticas ou de administrar seminários.

Um desses amigos é uma fantástica construtora de cultura e agente transformadora. Ela consegue cultivar um senso de calor humano, uma camaradagem e interesse pela equipe que são realmente de admirar. Ao longo dos anos, venho lhe perguntando dezenas de vezes como é capaz disso. De que modo você conduz suas reuniões? Que ferramentas usa para se comunicar com todo o grupo? Como consegue ampliar esse senso de conexão para outras áreas da empresa? Suas respostas afetaram diretamente o modo como conduzo meu pessoal. Por exemplo, marco toda semana reuniões durante o expediente, como resultado direto de suas dicas.

Mesmo que não exerçam a mesma função, é provável que as pessoas com quem você trabalha também tenham algo de valioso a lhe ensinar. Às vezes, um colega é um recrutador excepcional. Outro se mostra realmente bom em vender ideias. Pode ser que seu subordinado seja a pessoa mais criativa que você conhece. E pode ser que seu gerente tenha a grande habilidade de descobrir o melhor em cada um.

Qualquer que seja a habilidade, não tenha receio de perguntar: "Oi, fiquei muito impressionado pelo modo como você fez X... Gostaria de aprender com você. Quer tomar um café comigo e me contar qual foi sua abordagem?".

Saiba que, como está pedindo um favor, a pessoa tem o direito de dizer "não", por estar ocupada ou insegura quanto a poder ajudar. No entanto, com mais frequência do que você possa imaginar, a resposta será "sim". Todos nós já nos beneficiamos dos conselhos de outros e muitas pessoas gostam de retribuir o favor.

Reserve um tempo para refletir e estabelecer metas

Quando você está correndo a toda velocidade e a paisagem vira um borrão, fica difícil captar a totalidade da jornada. Onde começou? Para onde irá? Quais trajetos foram fáceis e quais estavam cheios de obstáculos?

Um estudo da Harvard Business School mostra que aprendemos mais quando associamos experiências a reflexões periódicas. Embora as pessoas prefiram aprender fazendo, "os participantes que refletiam superaram os que se baseavam na execução das atividades".

A reflexão não precisa ser um processo cansativo. No fim do dia, recorra a ela para benefício próprio; descubra então o que funciona melhor no seu caso. Eu gosto de reservar uma hora em minha agenda no final de cada semana para pensar sobre o que realizei, o que me deixou satisfeita ou insatisfeita e o que pretendo eliminar na semana seguinte. Então, passo por *e-mail* algumas notas para minha equipe – uma maneira mais fácil de manter esse hábito.

Também estabeleço metas pessoais e faço uma verificação retrospectiva mais ampla ao fim de cada seis meses, o que me dá tempo para encarar projetos ambiciosos e aprender novas habilidades.

Eis alguns exemplos de minhas anotações semanais e semestrais.

PENSAMENTOS DA SEMANA

- Feedbacks *recentes que recebi: por meio de perguntas e respostas, ouvi muitos elogios ao ambiente de nossa equipe de* design, *e isso me impressionou. Sobre o que poderíamos fazer melhor, o tema principal foi o esclarecimento de expectativas para o progresso na carreira. Precisamos nos concentrar mais no modo como falamos sobre desempenho e promoções.*

- *Contratações para o próximo ano: na reunião de planejamento, o crescimento da demanda por trabalho a distância tornou-se um tema crucial. Também precisamos treinar mais entrevistadores e ter certeza de que nossas entrevistas sejam consistentes em todos os departamentos. Conto com o envolvimento da equipe para elaborarmos um plano sobre como isso se dará.*

- *Estratégia para o Projeto X: trabalhei com a equipe Y na preparação de propostas para a próxima avaliação. Isso foi feito em poucas semanas – com elogios, em particular, para Elena, devido a seu excelente trabalho.*

- *Entendendo as necessidades de pesquisa: em minhas conversas 1:1, ouvi perguntas sobre a possibilidade de mais envolvimento em pesquisa. Agora entendo melhor o que estamos procurando; David e eu vamos elaborar juntos um plano de recursos humanos nas próximas duas semanas.*

METAS PARA OS PRÓXIMOS SEIS MESES

- *Montar meu grupo: preencher três vagas para garantir que todo produto tenha um líder forte.*
- *Nas avaliações de produto, começar com os problemas das pessoas claramente definidos, para termos uma base comum de apreciação.*
- *Tornar-me especialista em contratar grandes líderes de pesquisa.*
- *Ignorar atualizações de* status *em minhas conversas 1:1. Usar o tempo para manter conversas mais proveitosas com meus subordinados.*
- *Não levar trabalho para casa. Procurar ser mais eficiente no escritório.*

Ao final de cada seis meses, eu avaliava minhas metas para saber como havia me saído. O importante não era ter ticado mais itens da lista, mas o que havia aprendido. Se não tinha conseguido fazer que cada um elaborasse seu trabalho de maneira diferente, qual seria o motivo? Minhas táticas eram ineficazes? Eu não comunicava minhas ideias com clareza? Elas não eram, pura e simplesmente, importantes o bastante?

Se tivesse alcançado um objetivo – digamos, contratar três bons líderes –, também aprendia algumas lições. O que me permitira ter êxito? Poderia mirar outros objetivos ainda mais ambiciosos no futuro, por exemplo, contratar cinco líderes? Que dicas poderia dar a outra pessoa que estivesse fazendo a mesma coisa?

Quanto mais suas experiências – boas ou más – se transformam em lições e histórias que ajudam você e os outros, mais rápida é sua trajetória de crescimento.

Tire vantagem do treinamento formal

Se puder ter um treinamento formal, faça isso. Pode ser um seminário na empresa, uma conferência em uma indústria, uma mesa-redonda, um painel de especialistas, um *workshop* prático.

Talvez pareça óbvio dizer que um treinamento formal é útil, mas raramente ele parece urgente ou necessário. Além de exigir tempo, não raro custa caro, motivo pelo qual nos fazemos a clássica pergunta: "Vale a pena?". Sobretudo em meio a uma semana agitada, será mesmo uma boa ideia frequentar um seminário de dois dias ou renunciar a uma noite descontraída em casa, lendo um livro?

A resposta costuma ser "sim". Se gastar dez horas com um treinamento e isso o ajudar a se tornar apenas 1% mais eficiente no trabalho, já será um bom retorno do investimento (1% de tempo economizado em um ano equivale a vinte horas).

Lembro-me de ter assistido a uma aula de um dia, há alguns anos, sobre como ter uma conversa difícil. Aquelas oito horas transformaram a maneira como abordo um conflito. Saí com a nova crença de que, sim, é possível ter uma conversa produtiva com qualquer pessoa sobre qualquer assunto. Mesmo agora, não fico uma semana sem recordar algo que aprendi naquele curso.

Outro tipo de treinamento formal é com um *coach* profissional. Provavelmente, você terá de pagá-lo do próprio bolso, a menos que a empresa o faça (algumas pagam para empregados de nível superior). Muitos CEOs e executivos trabalham com *coaches* profissionais, porque, no nível deles, poucos podem fazer o papel de um mentor, embora, ainda assim, qualquer melhoria em seu desempenho tenha impacto na empresa.

Quando você considera o treinamento formal, a pergunta que se impõe não é "Vale a pena fazer isso agora que tenho muitas outras coisas na agenda (ou nas quais poderia gastar melhor meu dinheiro)?", e sim "Daqui a um ano, vou me sentir bem por ter feito isso?". Assim é possível analisar a escolha com mais clareza.

Investindo em aprendizado e evolução pessoal, você não investe apenas no próprio futuro, mas também no da equipe. Quanto melhor você for, mais vai conseguir ajudar os outros.

———

Gerentes novos às vezes me perguntam: "Com dez anos de experiência, o que você continua aprendendo?". E eu respondo: "Continuo aprendendo a ser a melhor líder que posso, enquanto permaneço fiel a mim mesma".

É comum que os gerentes se envolvam tanto com seu papel de servir a algo maior – a missão da empresa, as metas da equipe, as necessidades dos outros – que acabem se esquecendo do personagem mais importante da jornada da gestão: *eles* próprios.

Aprender a ser um grande líder significa aprender a respeito de nossos superpoderes e falhas, de como superar obstáculos fazendo um trabalho mental, e de como aprender a aprender. Com esses instrumentos vem a certeza de que devemos nos mostrar como somos – sem máscaras nem fingimentos –, e de que estaremos prontos para qualquer desafio que vier pela frente.

Capítulo Seis

Reuniões Incríveis

EVITE

ALMEJE

Quando minha equipe cresceu, pensei que seria uma boa ideia convocar uma reunião com todos na sala, informando o que fariam naquela semana. Já tinha visto outros gerentes marcarem reuniões do mesmo tipo ou reuniões "periódicas", e achava que essa era uma prática corriqueira para manter as pessoas atentas ao que estavam fazendo.

A ideia funcionou melhor na teoria do que na prática – eu não tinha levado em conta o modo diferente com que as pessoas descreviam seu trabalho. Algumas resumiam tudo, enquanto outras chegavam aos menores detalhes sobre conversas por *e-mail* com os engenheiros nas noites de quinta-feira. Após alguns meses, ficou claro que essas reuniões eram o equivalente à aula de um professor de História sobre uma batalha ocorrida em 1752. À minha volta, observava olhos vidrados e ouvia o *tap-tap* no teclado daqueles que lamentavam não estar usando seu tempo com outro trabalho.

Após uma dessas sessões, recebi a mensagem de um membro da equipe me perguntando se eu não havia pensado em pedir a todos que me mandassem atualizações por *e-mail* em vez de tagarelar pessoalmente. "Para ser honesto, essas reuniões não me parecem um bom emprego de tempo", concluía a mensagem.

Atitude corajosa, dizer a seu gerente que as reuniões dele são enfadonhas. Mas essa dica vinha a calhar. Cancelei as sessões e passamos às atualizações semanais por *e-mail*, que funcionaram às mil maravilhas. Obtive uma noção mais clara da importância de planejar boas reuniões e do valor de receber *feedbacks* para melhorar reuniões desgastantes

Penso muito em reuniões porque elas são uma parte importante do que faço. Grande parte do meu dia é empregada com diferentes tipos de pessoa, em conversas 1:1, com pequenos grupos, com grupos maiores e, às vezes, com uma audiência de centenas ou milhares.

Reuniões costumam ser malvistas, uma espécie de "mal necessário" da gestão ou o equivalente adulto do dever de casa. São ironizadas como inúteis, burocráticas ou entediantes, embora ninguém consiga se livrar delas por completo. E gastamos muito tempo nisso. Um estudo de 2011 revelou que, em média, os altos executivos gastam 60% de seu tempo em reuniões e 25% em telefonemas ou eventos públicos. Outro estudo analisou uma única reunião de executivos em uma grande empresa e descobriu que, para resumir em poucas palavras, ela precisou de 300 mil horas/pessoa para ser preparada – um número impressionante!

Leon Tostói começa *Ana Karenina* com a seguinte frase: "Todas as famílias felizes são parecidas entre si. As infelizes são infelizes cada uma a sua maneira". Com as reuniões, acontece mais ou menos a mesma coisa. Pense nas reuniões ruins a que compareceu

– as discussões são cíclicas, infinitas; você veio em busca de esclarecimento e saiu confuso; os presentes pareciam estar em outro lugar; o conteúdo apresentado era repetitivo; o grupo se afastou do tema principal; uma pessoa ou duas dominaram a discussão e ninguém mais conseguiu apresentar sua ideia; e por aí vai.

Por outro lado, boas reuniões são simples e diretas. Você sai de todas elas com a mesma sensação:

- A reunião valeu meu tempo.
- Aprendi coisas novas que me ajudarão a ser mais eficiente no trabalho.
- Saí da reunião com uma ideia melhor do meu próximo passo.
- Todos foram participativos.
- Senti-me bem acolhido.

No fim das contas, conversar com alguém frente a frente continua sendo a melhor maneira de se comunicar e fazer o trabalho acontecer. Como gerente, você comparecerá a diversas reuniões, assim como conduzirá as próprias. Leve a sério essa responsabilidade; não deixe que o ciclo vicioso de reuniões ruins se perpetue. Em vez disso, use seu precioso tempo, e o dos colegas, para discutirem juntos algo realmente valioso para o trabalho.

O QUE SIGNIFICA UM GRANDE RESULTADO PARA SUA REUNIÃO?

Você já deve ter ouvido a máxima "toda reunião deve ter um propósito". É um bom conselho, mas insuficiente. Minhas reuniões tinham um propósito: manter todos informados sobre os progressos semanais da equipe. Mas terminavam mal, porque eu não me perguntava: "O que significa um bom resultado?".

Se tivesse me perguntado, teria descoberto que minha verdadeira vontade era ver os membros da equipe se sentindo mais próximos um do outro, colaborando mais efetivamente. Mas, se as pessoas estavam distantes, era óbvio que eu não estava tendo sucesso.

Poucas são as razões pelas quais as pessoas se entrosam, por isso, deixar claro o objetivo em questão é o primeiro passo para conduzir uma boa reunião.

Tomar uma decisão

Em uma reunião na qual serão tomadas decisões, você põe na mesa as diferentes opções e pede que alguém qualificado opine a respeito.

Aqui, o sucesso consiste tanto em chegar a uma decisão clara *quanto* em fazer que as pessoas saiam convictas de que o processo foi verdadeiro. Não há necessidade de consenso; mas aqueles a quem a decisão afetou devem sentir que tudo foi conduzido de maneira eficiente e justa.

Se as pessoas não confiarem no processo, você descobrirá que a decisão não vai levar a lugar nenhum. Eis um exemplo de como eu às vezes caía nessa armadilha:

> **SUBORDINADO:** *O prazo para concluirmos o trabalho é a próxima semana. Isso vai ser um*

problema, porque não teremos tempo suficiente
para explorar as três opções levantadas. Você não
poderia nos ajudar dando-nos mais uma semana?
EU: *Faz sentido. Vou ajudá-los.*

Percebeu o problema? Tomei uma decisão, mas só levei em conta uma parte do contexto: meu subordinado ter achado que não havia tempo suficiente para realizar o trabalho de maneira adequada. Mas quais são as consequências de um adiamento? Eis aqui o que aconteceria em seguida:

GERENTE DE ENGENHARIA: *Oi, fiquei sabendo que você adiou o* design. *Isso vai ser um problema, porque minha equipe de sete engenheiros está esperando que os* designs *sejam finalizados, e esse adiamento significa que não teremos tempo suficiente para concluir a tarefa de engenharia. Não podemos retomar o prazo original?*

Agora estou entre a cruz e a espada. A equipe de engenharia está furiosa porque tomei a decisão sem ouvir seu lado da história. Querem que eu reformule a decisão com base em novas informações. Mas, se fizer isso e mudar o que determinei, meu subordinado ficará frustrado e eu perderei credibilidade. O melhor a fazer neste momento é admitir que errei em relação ao processo e convocar todos para repensarmos a decisão.

"Mas espere um minuto", dirá você. "Os dois lados discordam, então, seja qual for a decisão, deixará um deles aborrecido."

Não concordo com esse pensamento. Todos, em uma equipe, compartilham, no final das contas, os mesmos objetivos. Nesse caso, tanto os *designers* quanto os engenheiros querem produzir uma grande experiência o mais rápido possível. Embora as pessoas possam divergir sobre o melhor caminho a se seguir, parte do trabalho em equipe consiste em confiar nos tomadores de decisão e em um processo justo. Como gosta de dizer Jeff Bezos, CEO da Amazon, às vezes você precisa "discordar e se comprometer" para seguir em frente mais rapidamente.

Uma grande reunião de tomada de decisões se dá como apresentado a seguir:

- Toma-se uma decisão (é claro).
- Leva-se em consideração as pessoas mais diretamente afetadas pela decisão bem como deixa-se o responsável pela decisão designado com clareza.
- Apresentam-se com objetividade todas as opções dignas de crédito, com base em informações relevantes, acrescentando-se ainda recomendações da equipe, caso haja alguma.
- Abre-se espaço para opiniões divergentes, fazendo as pessoas se sentirem ouvidas.

Eis alguns exemplos de resultados ruins que você deve evitar:

- As pessoas sentem que sua posição não foi bem considerada e, portanto, não confiam na decisão final.
- Decisões que exigem tempo demais, o que torna o processo demorado. As decisões importantes e definitivas merecem o máximo de consideração; não convém, no entanto, despender tempo demais com decisões pequenas e fáceis de reconsiderar.
- Decisões que vão e vêm; isso compromete sua credibilidade e a implementação delas.
- Gasta-se muito tempo na tentativa de levar o grupo a um consenso, em vez de se recorrer logo a uma decisão bem considerada.
- Perde-se tempo insistindo no mesmo argumento de vinte maneiras diferentes.

Compartilhar informação

Todos precisamos de informação para fazer bem nosso trabalho: seja a visão do CEO, os últimos números de vendas, a opinião dos vários acionistas ou o prazo de determinado projeto. Há algumas décadas, as reuniões eram o principal meio de um grupo dar e receber informação. Hoje, com o *e-mail* e as conversas que precisam tão somente do toque de nossos dedos, é menos necessário (e menos eficiente) que um grupo se reúna com o único propósito de transferir conhecimento.

No entanto, quando bem conduzidas, as reuniões para troca de informações oferecem mais benefícios que outros canais, como quadros de avisos, listas de *e-mails* ou postagens em grupo. O primeiro desses benefícios é o fato de permitirem mais interatividade. Por exemplo, se você quer que todos saibam de uma mudança de política bastante controversa, dar essa informação pessoalmente permite que o grupo faça perguntas e expresse suas reações.

O segundo é que uma reunião para informações bem preparada é quase sempre mais interessante que um amontoado de palavras em uma página. Contato visual, linguagem corporal e expressão das emoções ajudam a dar vida a uma mensagem.

Hoje, nossa organização de *design* se reúne periodicamente para esclarecer detalhes importantes do trabalho que estamos fazendo, compartilhar novas ferramentas e processos, e discutir lições que aprendemos. Ao contrário de minhas reuniões de pauta, já abolidas, estas funcionam, porque são preparadas com bastante antecedência a fim de garantir que seu conteúdo seja interessante.

Eis em que uma boa reunião para compartilhar informações resulta:

- Faz que o grupo sinta ter aprendido algo de valioso.
- Passa mensagens significativas, claras e difíceis de esquecer.
- Capta a atenção dos ouvintes (graças a oradores dinâmicos, bons conteúdos, ritmo cativante e interatividade).

- Desperta a emoção desejada – inspiração, confiança, orgulho, coragem, empatia etc.

Dar *feedbacks*

Às vezes conhecida como "avaliação", uma reunião de *feedback* tem por objetivo fazer que as partes interessadas entendam e opinem sobre o trabalho em andamento. Tudo pode terminar com um "parece bom" rotineiro, mas, dependendo da ocasião, o *feedback* pode resultar em um desvio significativo no que havia sido planejado.

É tentador julgar o sucesso de um trabalho pela aprovação ou desaprovação do chefe. Mas é um equívoco. As reuniões de *feedbacks* não são convocadas para que se dê ou se receba uma sentença, mas sim para que se chegue ao melhor resultado. Esperar aprovação nos incentiva a dar mais valor à aparência da apresentação do que aos *feedbacks*, estes de fato são úteis para melhorar o trabalho.

Uma boa reunião de *feedback*:

- Faz que todos estejam alinhados quanto ao que seria considerado sucesso em relação ao projeto.
- Representa com honestidade a situação atual do trabalho, esclarecendo o modo como as coisas estão caminhando, as mudanças realizadas após a última avaliação e quais são os planos para o futuro.
- Esclarece as questões em aberto, decisões importantes e preocupações mais evidentes, visando se obter os melhores *feedbacks*.

- Termina com a anuência em relação aos próximos passos (inclusive datas das próximas etapas ou da próxima "avaliação").

Gerar ideias

Você talvez ouça as expressões "reunião de *brainstorming*" ou "sessão de trabalho" serem aplicadas a um grupo de pessoas que se juntam para encontrar a solução de um problema. A palavra *brainstorming* foi popularizada nos anos 1950 por um executivo da área de publicidade chamado Alex Osborn, para quem o pensamento criativo floresce com mais abundância quando um grupo se concentra em *maximizar a quantidade de ideias sem julgá-las*.

Infelizmente, ter doze pessoas em uma sala disparando o que lhes vem à cabeça não é, na verdade, um processo eficaz para a inovação – tendemos a moldar as novas ideias ao que já foi discutido ou a sugerir apenas algumas por presumir que outros vão sugerir o restante.

O melhor processo de geração de ideias ocorre com a compreensão de que precisamos de tempo *tanto* para pensar sozinhos (pois o cérebro é mais criativo nessa situação) *quanto* para trabalhar em grupo (já que ouvir diferentes perspectivas pode acionar ideias ainda melhores).

Preparação e um bom processo de facilitação – eis o segredo. Uma boa reunião para gerar ideias:

- Produz inúmeras soluções não óbvias, por assegurar que cada participante disponha de um tempo a sós a fim de produzir as próprias ideias e registrá-las (antes ou durante a reunião).
- Considera a totalidade das ideias, e não apenas as das vozes mais eloquentes.
- Ajuda as ideias a evoluírem e a se concretizarem por meio de discussões válidas.
- Termina com uma noção clara dos próximos passos para, assim, transformar ideias em ações.

Estreitar relacionamentos

Para que uma equipe funcione em alto nível, as pessoas precisam trabalhar bem umas com as outras, e para isso é preciso alimentar a empatia, criar confiança e encorajar a colaboração. Às vezes, você pode decidir juntar um grupo apenas com o propósito de focar na relação entre as pessoas que o compõem.

Almoços, jantares e outros eventos sociais se prestam a esse propósito, bem como conversas 1:1 e reuniões de equipe. Quando todos se compreendem um pouco melhor como seres humanos – quando investem tempo para aprender sobre valores, passatempo, família, histórias de vida etc. dos colegas –, trabalhar juntos fica mais fácil e mais agradável.

Uma boa reunião para estreitar laços entre os membros da equipe não tem nada a ver com a quantidade de horas passadas na companhia um do outro ou com a importância do evento. Ela possibilita:

- Aumentar a compreensão e a confiança entre os participantes.
- Incentivar as pessoas a serem francas e autênticas.
- Constatar, por parte dos participantes, que os outros se interessam por eles.

Toda reunião deve deixar claro com qual dos tópicos citados acima está se comprometendo. Não tente fazer muita coisa em uma única reunião e relembre ao grupo o assunto principal da reunião quando outras questões esparsas começarem a surgir. Por exemplo, se estiver buscando uma decisão sobre preços e as pessoas começarem a dar sugestões sobre novos recursos para o produto, diga que vai reservar tempo à parte para discutir tal tópico e conduza a conversa de volta ao tema previamente agendado. Segundo a minha experiência, é improvável que a estrutura de uma reunião para tomada de decisões seja favorável para a geração de ideias.

Dê clareza e eficiência total às suas reuniões, e as pessoas vão lhe agradecer por ter respeitado o tempo delas.

CONVIDE AS PESSOAS CERTAS

Sem dúvida, você terá uma boa reunião caso estejam presentes as pessoas necessárias – e nenhuma que seja desnecessária. Todos já estivemos em salas de atmosfera morna porque havia muita gente em volta da mesa, uns distraídos, outros falando ao celular. Todos precisariam estar ali? Provavelmente, não.

Também já estive em reuniões cujo objetivo era tomar uma decisão que afetaria bastante outra equipe – por exemplo, sobre os atributos de um produto que modificariam as perspectivas de venda –, mas sem a presença de representantes dessa equipe. Isso é prejudicial, pois você não pode tomar uma decisão justa sem que todos os envolvidos estejam na sala – assim, a decisão demora a surgir ou há, ainda, o risco de ser debatida mais uma vez em outra ocasião.

Como saber a quem convidar? Reflita sobre sua resposta para o que você considera um bom resultado de uma reunião e pergunte-se: "Que pessoas são necessárias para que obtenhamos esse resultado?".

Às vezes, até mesmo as pessoas mais sensatas discordam quanto a quem deve estar presente. Há pouco tempo, convoquei reuniões de avaliação para que eu e alguns outros gerentes déssemos *feedbacks* a toda a equipe sobre um trabalho de *design*. Todos os *designers* foram convidados. À medida que íamos contratando mais pessoas, o número de presentes aumentava, até a reunião ficar parecendo uma sala de leitura. Mas, presentes mesmo, só havia alguns em cada sessão; o restante apenas olhava e ouvia.

Sugeri que enxugássemos a lista de presença, mas nem todos os gerentes concordaram. Um deles assegurou que a reunião era útil porque expunha os novos *designers* ao tipo de *feedback* que deveriam esperar. Além disso, acrescentou um outro, a reunião proporcionava alta visibilidade, com bastante exposição à liderança, e estar na sala dava às pessoas a sensação de que eram membros valorizados da equipe.

Eram argumentos excelentes. Sim, a reunião se prestava a um propósito informacional ao ensinar o que valorizávamos no bom *design*. Também ajudava a criar mais conexões com os líderes de nível superior. Se eu limitasse a lista apenas aos que fossem fazer apresentações, perderíamos esses benefícios.

Mas, voltando ao objetivo *principal* da avaliação, ele devia permitir que eu e os outros gerentes déssemos *feedbacks* sobre os projetos sem perda de tempo. Ter muitos observadores tornava isso muito difícil. A atmosfera ficava formal e tensa. Os apresentadores gastavam tempo demais, chegando a minúcias de seu tema central. E, como avaliadora, eu sentia a necessidade de escolher bem as palavras diante daquela verdadeira multidão, sem poder, portanto, agir da maneira descontraída e direta que gostaria.

Por fim, decidimos enxugar a lista de presentes. Encontraríamos outras maneiras de investir em educação de *design* e no estreitamento de relações, o que incluía divulgar boletins de anotações das reuniões e promover mais encontros sobre liderança com sessão de perguntas e respostas. Membros da equipe sugeriram uma hora semanal e, mais importante, a reunião de avaliação decorreu menos tensa, mais honesta e mais eficiente na obtenção dos objetivos propostos.

DÊ ÀS PESSOAS A CHANCE DE COMPARECEREM DEVIDAMENTE PREPARADAS

Em muitas avaliações, eu era a pessoa que exibia uma expressão de perplexidade ao olhar para tabelas e gráficos projetados em uma tela à frente da sala, enquanto o apresentador dizia coisas como "Podemos perceber com clareza, pelos dados mostrados...". "Um momento, um momento!", eu tinha vontade de gritar. "Não entendi como você chegou a essa conclusão... Será que sou muito lerda?"

Desde então descobri que minha reação não era nada incomum e, com certeza, nem um pouco constrangedora. Mesmo meus colegas mais atualizados em informática precisavam de tempo para processar novas informações.

Como os apresentadores tinham total conhecimento do material em quentão, estavam sujeitos ao que os psicólogos chamam de "maldição do conhecimento" – a tendência cognitiva que torna difícil se lembrarem do que é ser um principiante absorvendo um conteúdo pela primeira vez. Por isso, presume-se que todos na sala possam entender com rapidez os pontos de destaque enquanto eles passam de um *slide* a outro.

Entretanto, se o objetivo da reunião é tomar decisões e dar *feedbacks*, pode ser difícil para os participantes entenderem todo o material em apenas uma sessão, para chegar a conclusões bem fundamentadas.

A solução é ajudar todos a comparecerem devidamente preparados. A mudança que fizemos em nossas reuniões de avaliação e de tomada de decisões foi pedir aos organizadores que enviassem o tema da apresentação ou documentos um dia antes, para que todos tivessem a chance de processar a informação com antecedência. Isso significava ter o tempo necessário para entender gráficos e tabelas, de modo a contribuir mais para a reunião.

Adiantar os acontecimentos seguintes de uma agenda organizada significa preocupação e intenção de ajudar o grupo a permanecer concentrado. É uma boa ideia para reuniões de qualquer porte, mesmo conversas 1:1, mas, quanto maior for a reunião, mais importante esse preparo. Se lhe parecer cansativo, pense no custo monetário real de qualquer reunião.

Se a reunião de uma empresa inteira, com a participação de quinhentos funcionários, não for atraente ou memorável, a empresa terá perdido as horas de trabalho de quinhentas pessoas – dez mil dólares, atribuindo-se a cada uma o pagamento de vinte dólares por hora. Utilizar cinco horas do tempo de cinco pessoas (um total de quinhentos dólares) na preparação dessa reunião sem dúvida valerá a pena. Mesmo uma reunião semanal com alguns poucos presentes pode se traduzir em milhares de dólares de produtividade perdida no curso de um ano, caso esse tempo não for bem aproveitado.

Após a reunião, os desdobramentos precisam ser tratados com o mesmo cuidado da preparação. Uma reunião não vale por si só; ela é um dos marcos no longo caminho da criação de algo valioso para o mundo.

Nos últimos minutos de uma reunião, tenha por hábito perguntar: "Muito bem, antes de encerrarmos, vejamos se estamos de acordo quanto aos próximos passos...". Após a reunião, envie aos que estiveram presentes um resumo da discussão, uma lista de medidas de ação específicas e o nome dos responsáveis por cada uma, bem como a data da próxima averiguação.

Se foi tomada uma decisão, isso deve ser comunicado às pessoas certas. Se foram dados alguns *feedbacks*, devem ser colocados em prática. Se foram geradas ideias, o organizador da reunião deve esclarecer como o processo avançará para a próxima etapa. Esses desdobramentos constituirão a pauta da próxima reunião do grupo.

MOTIVE AS PESSOAS A CONTRIBUIR SEM CONSTRANGIMENTO

No início de minha carreira, eu era a caladona cujas contribuições em uma reunião eram inversamente proporcionais ao número de pessoas presentes na sala; ou seja, em uma conversa 1:1, eu falava muito, mas em grupos com mais de sete pessoas eu me comportava como os ninjas: era o mais discreta possível.

Depois que me tornei gerente, percebi o mesmo fenômeno em muitos membros de minha equipe. Nem todos se sentiam à vontade para expressar suas ideias diante de um grupo. No meu caso, era o medo do julgamento – temia dizer alguma bobagem e desperdiçar o tempo dos outros.

O que me ajudou a encontrar minha voz foram ambientes seguros, solidários e destituídos de qualquer espécie de julgamento. Era mais fácil falar quando via os demais fazendo a mesma coisa em vez de só ficar ouvindo um ou dois tagarelas. Ou então quando alguém pedia minha opinião por estar realmente curioso: "Julie, você ainda não disse nada. O que acha dessa proposta?". Ou, ainda, quando tinha uma relação boa o bastante com os outros para saber que *não* me julgariam incompetente, ainda que eu dissesse alguma tolice.

Se você for organizar uma reunião para gerar ideias, tomar uma decisão ou estreitar relacionamentos, terá melhores resultados caso faça o grupo todo contribuir. Por isso, é muito importante criar um ambiente que acolha perguntas, discussões, exposições e dissensões. Se apresentar uma ideia que julga brilhante, mas a maioria dos presentes pensa consigo mesmo que é ridícula, não o ajudará em nada se ninguém se sentir à vontade para lhe dizer o que acha de verdade. Para não ficar parecendo o "rei nu", tente agir da seguinte maneira.

Seja claro quanto às normas que pretende estabelecer

Se você quer que todos sejam participativos na reunião, às vezes a estratégia mais fácil é apenas dizer isso de maneira direta.

Uma das coisas que faço com minha equipe é marcar sessões regulares de perguntas e respostas. É importante para mim que as pessoas se sintam à vontade para me fazer perguntas difíceis e obter respostas objetivas. No entanto, depois de convocar uma dezena dessas sessões, notei que nem sempre me faziam perguntas difíceis. Na sala, as pessoas se entreolhavam, como se esperassem que o outro perguntasse primeiro.

Não era porque minha equipe não tivesse perguntas difíceis a fazer. Ouvi muitas vezes boatos de que alguns membros se mostravam céticos quanto a determinada estratégia ou estranhavam que uma de nossas iniciativas não estivesse indo bem.

Mas esses assuntos nunca vinham à tona nas sessões de perguntas e respostas. Por fim, decidi que precisava encarar o elefante na sala.

Na reunião seguinte, comecei da seguinte maneira: "Estou aqui para uma sessão de perguntas e respostas porque acho muito importante conversarmos sobre o que está acontecendo em nossa equipe. Mas, para ser honesta, não creio que estão expondo de fato suas principais preocupações. Então, devo dizer desde já: perguntas difíceis são uma coisa boa! Coloquem tudo para fora! Prometo ser o mais transparente possível".

Funcionou: ao afirmar de maneira explícita que eu valorizava a transparência e acolhia de bom grado as perguntas difíceis, convenci mais pessoas a formulá-las.

Mude o formato das reuniões para incentivar a participação de todos

Uma discussão em grupo sem estrutura significa que os participantes decidem se vão falar ou não, e quando. Caso sua equipe seja composta de pessoas introvertidas, você terá dificuldade em induzi-las a falar. E, caso seja composta de pessoas extrovertidas, elas sem dúvida dominarão a conversa. Diferenças de tempo na empresa, de cargo ou em relação à familiaridade também desempenham seu papel na disposição das pessoas em exprimir seus pensamentos.

Você pode controlar a dinâmica natural do grupo com uma abordagem mais estruturada. Por exemplo, no caso de uma decisão para a qual tenha três opiniões diferentes, ao andar pela sala, poderá indagar a cada um dos participantes qual opinião ele prefere e por quê. Isso garante que nenhuma perspectiva seja deixada de lado.

Outra tática que gosto de aplicar logo no começo é a do "bloco de anotação". Antes de iniciar a discussão sobre um tópico complexo (por exemplo, quais deverão ser os objetivos de marketing ou que grau de sucesso teremos daqui a três anos), entrego a cada um dos presentes uma folha do bloco e peço-lhes que escrevam suas opiniões sobre o assunto. Deixo então que o grupo se concentre em silêncio por uns 10 ou 15 minutos.

Depois, cada participante coloca seu papel em um quadro e explica suas ideias. Ideias semelhantes são reunidas e, após a última anotação ser acrescentada, a sala discute os vários "conjuntos".

Incentivar as pessoas a registrar suas opiniões em um papel antes de falar sobre elas diminui os obstáculos para uma participação produtiva.

Controle o tempo de cada um

Se suas reuniões costumam ser dominadas por alguns poucos indivíduos, tente controlar o tempo que cada um tem para falar.

Não permita interrupções. Se alguém começar a expor um tema, mas outra voz o interromper, contorne isso dizendo: "Um momento, Ann ainda não acabou".

E, como ônus adicional, descobri que agindo assim nossa credibilidade aumenta.

Do mesmo modo, se notar que alguém deseja acrescentar algum comentário, facilite as coisas para ele: "Parece que John quer sugerir alguma coisa".

Um colega fez isso por mim certa vez, durante uma avaliação executiva com vinte participantes, e me lembro até hoje da imensa gratidão que senti.

Gerentes que tenham percepção particularmente aguçada podem até direcionar perguntas: "Susan, você parece intrigada. O que acha que devemos fazer?", ou "Rick, você ainda não disse nada. Qual é sua opinião?".

Em se tratando de tagarelas, seja direto, mas educado, mostrando-lhes que chegou a vez do outro: "Ian, sem dúvida você gostaria de continuar, mas primeiro precisamos deixar que mais pessoas tenham a chance de dar sua opinião", ou "Laura, estou percebendo que, na sua opinião, deveríamos fazer X de todo jeito. Mas, antes de fecharmos, alguém tem outra opinião? Quero ouvir todos os pontos de vista".

Nem sempre é fácil interromper os outros e controlar o fluxo da conversa dessa maneira, mas passa um sinal inequívoco de que, para você, ouvir perspectivas diferentes leva a melhores resultados.

Obtenha *feedbacks* sobre sua reunião

Se tiver sorte, algum membro sincero da equipe lhe dirá quando, na opinião dele, sua reunião não é um bom emprego de tempo. Mas há uma maneira mais confiável para descobrir isso: crie o hábito de pedir *feedbacks* sobre suas reuniões, principalmente sobre as mais frequentes e com grande audiência.

Lembre-se de que o segredo para obter bons *feedbacks* é ser específico quanto ao que deseja saber e deixar claro que a pessoa pode exprimir sua opinião com honestidade. Começar com o que você suspeita ser um problema é uma maneira de passar a mensagem de que a pessoa pode, sem problemas, mostrar-se crítica.

Quanto a minha fracassada reunião de pauta, eu poderia ter perguntado: "Vocês acham que minha reunião de pauta semanal é útil? Meu objetivo consiste em proporcionar a cada um a oportunidade de explicar o que está fazendo, para haver melhor colaboração e apoio entre toda a equipe. Mas temo que a reunião acabe em excesso de detalhes. O que pensam disso?".

Recorde as melhores reuniões a que compareceu. Como foram? Minhas favoritas são as que ocorrem em um clima amistoso, onde há curiosidade genuína, sem tensão nem pressão pairando no ar. As pessoas se sentem seguras para exprimir suas ideias, por mais malucas que sejam, ou à vontade para dizer: "Não concordo". Todas sabem que sua presença e contribuição são valorizadas. Esse é o tipo de reunião a que sempre devemos aspirar.

ALGUMAS REUNIÕES NÃO PRECISAM DE VOCÊ E OUTRAS NEM SEQUER PRECISARIAM TER SIDO REALIZADAS

Há alguns anos, durante um período particularmente difícil no escritório, muitas vezes eu trabalhava até depois da meia-noite, mesmo nos fins de semana. "Isso é insustentável", pensava. "Por que me acho responsável por tudo?"

Conversei sobre isso com meu marido, e sua primeira pergunta foi: "Como está sua agenda?" "Cheia", respondi. "Reuniões uma atrás da outra." "Hum...", continuou ele. "E você precisa estar presente em todas?"

Suas palavras me levaram a repensar meus compromissos. Durante uma semana, anotei cada reunião a que comparecera e como me sentira ao final delas. Havia contribuído? Encarara criticamente o resultado? Tirara algum proveito do fato de estar ali presente?

No fim da semana, fiquei perplexa ao descobrir que, para cerca de 40% das reuniões, a resposta era "não". Verdade seja dita, de algumas eu participava apenas porque queria saber o que estava acontecendo, ou porque meu nome constava na lista e eu me sentia na obrigação de comparecer. Mas todo esse tempo poderia ter sido empregado em prioridades que, por não terem sido resolvidas, me tiravam o sono à noite!

Pensava estar exagerando, mas aprendi que esse comportamento não era nada incomum. Leslie Perlow e seus colaboradores da Harvard Business School entrevistaram 182 gerentes de alto nível, de diferentes empresas. Descobriram que 65% deles achavam que as reuniões os impediam de fazer seu trabalho; 71% consideravam suas reuniões improdutivas e ineficientes; e 64% garantiam que as reuniões lhes custavam o aprofundamento de ideias.

Depois dessa pesquisa, providenciei um amplo enxugamento de minha agenda. Livrei-me de reuniões com as quais não iria realmente contribuir. Quando queria ficar a par de decisões relevantes, pedia aos organizadores que me fornecessem as anotações pré e pós-reunião. Com o tempo que economizei, consegui obter um equilíbrio mais saudável e concentrar-me em trabalhar melhor naquilo que de fato era importante.

Para o gerente, o tempo é precioso e finito. Portanto, cuide dele como um dragão cuida da caverna onde está seu tesouro. Se achar que bons resultados serão obtidos sem você, não é preciso estar lá.

Evite também reuniões que não pareçam úteis a *ninguém*. Elas devem ser canceladas ou reformuladas. Uma pesquisa de Nale Lehmann-Willenbrock e colaboradores constatou uma conexão direta entre reuniões bem planejadas (com as pessoas certas à mesa, uma agenda organizada e interações úteis) e resultados, como desempenho de equipe e bem-estar dos funcionários. Reuniões ruins podem "deixar os funcionários frustrados e ser um gatilho para a exaustão, ou mesmo para um provável colapso", diz Lehmann-Willenbrock, ao passo que "boas reuniões podem elevar o ânimo dos envolvidos".

Eu não gostava de comparecer às minhas reuniões às quartas-feiras devido ao clima tenso e agressivo. As pessoas se sentavam de pernas e braços cruzados, como se fôssemos discutir políticas de armas nucleares em vez de aprimoramento de processos. Tudo o que se dizia era logo refutado ou recebido com um longo período de silêncio. Felizmente, essa série de reuniões foi cancelada depois de uma profunda reorganização da equipe.

Alguns anos depois, eu conversava com uma colega que havia comparecido àquelas mesmas reuniões, e nós duas, descobrimos que achávamos aquilo pura perda de tempo. Os membros de nosso grupo ainda não haviam estabelecido uma relação mútua de confiança, por isso cada debate parecia de alto risco e improdutivo. "Por que não reconhecemos isso na época e não acabamos logo com essas reuniões", perguntamo-nos. Lição aprendida.

Se você perde tempo com uma série de reuniões de utilidade questionável, faça a todos um grande favor: diga isso, com educação, aos organizadores. A vida é curta demais para ser desperdiçada em reuniões medíocres. Procure fazer daquelas às quais comparece um evento útil, memorável e revigorante, pois assim o trabalho de sua equipe será mais produtivo.

Capítulo Sete

Boas Contratações

EVITE

ALMEJE

No início de minha carreira, quando entrevistar candidatos ainda era para mim algo novo e assustador, vi-me diante de um rapaz recém-formado chamado Tom. Ele sorriu com timidez quando me apresentei. Depois que lhe apresentei o primeiro problema da entrevista, ele pegou um marcador e começou a esboçar a solução no quadro. Notei que sua mão tremia ligeiramente. Ele fez algumas perguntas pertinentes. Quando ficava constrangido, interrompia-se, deixando-me entrever seus pensamentos em meio a murmúrios.

Ao fim da entrevista, não havia conseguido resolver por completo os problemas apresentados. Eu via bem que o rapaz estava desapontado. Imaginei-o chegando em casa, pegando um caderno e continuando a examinar os problemas até solucioná-los. Era esse o tipo de pessoa que ele me parecia ser.

Embora ele não tenha ido tão longe quanto outros candidatos, quando chegou a hora de tomarmos a decisão, eu disse: "Vamos contratá-lo". Isso surpreendeu até a mim mesma. Um de meus pontos negativos era sempre votar de modo conservador: se hesitava quanto a um candidato, achava mais seguro dizer: "Não vamos contratar". Essa foi a primeira vez que me arrisquei por alguém. Na verdade, não conseguia deixar de pensar que Tom fosse alguém especial: não apenas inteligente, mas muito dedicado e ponderado. Pressentia que seria bom trabalhar com ele.

Felizmente, após uma breve discussão com os outros entrevistadores, decidimos dar uma oportunidade a Tom. Anos depois, vi-o em uma festa. Ele se aproximou e me disse: "Sabe, ainda me lembro de nossa entrevista. Estava nervoso e não me saí muito bem com o problema apresentado. Tinha certeza de que vocês não me contratariam".

Sorri e brinquei dizendo que eu tinha uma bola de cristal que me mostrou como ele era fantástico. Porque Tom *era* fantástico. Após aquele início, sua trajetória foi como a de um foguete. Em poucos anos, passou de iniciante a líder sênior de engenharia. Embora não trabalhássemos muito próximos, eu ouvia seu nome pelos corredores, sempre proferido com respeito. Era incrivelmente inteligente, mas nunca deixou de ser um de nossos colegas mais atenciosos e dedicados.

Em uma empresa em expansão, contratar bem é a coisa mais importante que você pode fazer. A essa altura da vida, já entrevistei e ajudei na contratação de centenas de pessoas – um número maior do que o total da empresa quando havia começado nela! E essas pessoas, por sua vez, trouxeram outras. Se você me dissesse, na época, que eu seria responsável por *milhares* de novos colegas estarem aqui hoje, eu responderia que você era louco.

A contratação não precisa ser em larga escala: uma única, mas excelente, pode fazer grande diferença no desempenho da equipe.

O mais importante a se lembrar sobre uma contratação é que ela não é um *problema* a ser resolvido, e sim uma oportunidade de construir o futuro da empresa.

Demorei um pouco para aprender a lição. Como minha equipe crescia rapidamente, a necessidade de contratar era como uma nuvem pairando sobre mim o tempo todo. Parecia que nunca dispúnhamos de pessoas suficientes e, assim, contratar era algo que eu *precisava* fazer para solucionar o problema de sobrecarga de relatórios e insuficiência de pessoal nos projetos. Como eu poderia apagar todos esses incêndios o mais rápido possível?

Mas contratar não é apenas tapar buracos. Se você pensar assim, não conseguirá trazer para a empresa as pessoas mais adequadas. Contratar diz respeito à descoberta de como tornar sua própria *vida*, e a de sua equipe, muito, mas muito melhor. Além de contribuir com seu talento, nossos colegas favoritos nos ensinam coisas novas, nos inspiram e nos dão apoio, tornando a vivência do cotidiano profissional muito mais divertida. Fazendo uma análise em retrospecto, não posso imaginar nada mais satisfatório do que conhecer alguém pela primeira vez, notar como essa pessoa é fantástica, e trabalhar com ela anos a fio em tarefas significativas.

Ao mesmo tempo, realizar uma boa contratação é algo difícil. Como já prediziam os contos de fadas, você terá de conhecer muitos sapos antes de encontrar um príncipe. Neste capítulo, discutiremos as melhores maneiras de montar uma grande equipe.

MONTE SUA EQUIPE COM CONSCIÊNCIA

Quando você se encontra sob pressão em uma equipe com pessoal insuficiente, pode não ser muito fácil resistir a alguém que esteja disponível para começar no dia seguinte. Nesse caso, talvez você não perceba direito que ele não é exatamente aquilo de que precisa – como quando, esfomeado e assaltando a geladeira, picles, *ketchup* e pão lhe parecem uma refeição aceitável.

A solução, tanto para uma dieta saudável quanto para uma equipe melhor, é planejar com bastante antecedência. Se você vai ao supermercado no domingo e compra o necessário para uma refeição completa a cada noite, quando a fome bater na noite de quarta-feira, é bem provável que você tenha à mão frango e legumes.

Um exercício que sempre faço em janeiro é traçar onde quero que minha equipe esteja no final do ano. Esquematizo uma organização futura, analiso falhas nas habilidades, pontos fortes ou experiências, e faço uma lista de cargos a preencher. Você pode fazer algo parecido ao se perguntar:

- Quantas pessoas acrescentarei à equipe este ano (com base no crescimento da empresa, desgaste esperado, orçamento, nas prioridades etc.)?
- Que nível de experiência desejo para cada nova contratação?

- Quais habilidades específicas ou pontos fortes serão necessários para a equipe (por exemplo, pensamento criativo, excelência operacional, domínio de XYZ etc.)?
- Que habilidades e pontos fortes a equipe já possui, não sendo necessário, portanto, que os novos contratados tenham o mesmo nível?
- Que traços, experiências anteriores ou personalidades fortalecerão a diversidade da equipe?

Dispondo de um plano organizacional consciente para um ano, você se antecipará à necessidade de contratações e terá um esquema pronto para avaliar candidatos, sem cair na armadilha de dizer "sim" ao primeiro que aparecer.

Mesmo se as coisas mudarem – a empresa se reestruturar, um funcionário sair de uma hora para outra, as prioridades se inverterem –, você poderá modificar o plano a qualquer momento, de modo a ter sempre uma visão clara da estrutura da equipe.

Esse exercício será um pouco diferente caso a empresa em que trabalha não tenha grande necessidade de contratações. Nesse caso, o tamanho e a composição da equipe, dali a um ano, deverão continuar mais ou menos como no dia atual. Ainda assim, é útil considerar a possibilidade de conflito e o que fazer se alguém deixar a equipe. De onde vêm seus melhores funcionários? Que novas habilidades você gostaria de acrescentar, caso sejam necessárias? E quem, em particular, você gostaria de contratar se houver vaga?

CONTRATAR É *SUA* RESPONSABILIDADE

Se você tiver a sorte de trabalhar com uma equipe eficiente de recrutamento, poderá se sentir tentado a acreditar que não precisa fazer nada, pois os melhores candidatos serão entregues à sua porta.

Permita-me tirar essa ideia de sua cabeça. Nenhum recrutador sabe qual é o candidato ideal para *sua* equipe. Ele também não pode ajudá-lo a avaliar habilidades específicas, como leitura de raios X ou codificação.

Em suma, *você* é o responsável pela equipe que montou. Gerentes que são bem-sucedidos em suas contratações formam uma estreita parceria com os recrutadores para identificar, entrevistar e contratar os melhores candidatos. Um bom recrutador tem sua rede de contatos, assim como conhecimento do processo de recrutamento – ele sabe como procurar e encontrar candidatos, conduzir entrevistas e negociar salários. Um bom gerente que vai recrutar alguém usa sua compreensão da tarefa – o que é necessário e por que ela é excitante –, bem como seu tempo, para entrar em contato pessoalmente com os candidatos.

Caso não trabalhe com um recrutador, então você mesmo deve desempenhar os dois papéis. Eis como deverá abordar essa tarefa.

Descreva o candidato ideal com o máximo de precisão

Cabe ao gerente que recruta identificar quando uma função está em aberto e que tipo de pessoa se enquadraria melhor nela. Faça você mesmo a descrição do trabalho e seja minucioso quanto às habilidades ou experiências que procura.

Até para o mesmo tipo de trabalho, os requisitos específicos podem variar de forma significativa de equipe para equipe. Por exemplo, alguns *designers* da minha equipe são responsáveis pelos recursos que mais usamos, como *posts* de navegação ou comentários. Os candidatos procurados devem ser extremamente detalhistas, com grande habilidade artesanal. Outros projetam experiências para públicos específicos, quer sejam pequenos empresários, *gamers* ou novos usuários da internet. Essas equipes buscam *designers* que possuam empatia e experiência com metodologias de pesquisa para orientar seu trabalho. Quando o recrutador entende esses matizes, pode ajudá-lo a reconhecer pessoas com as qualidades que procura.

Aprimore a estratégia de fontes

Uma vez que tenha claro o perfil da pessoa que deseja, será conveniente discutir o assunto com o recrutador a fim de, juntos, procurarem o candidato ideal. As fontes poderão ser páginas ou empresas específicas no LinkedIn, pessoas que possam fazer a indicação de alguém, conferências ou anúncios que decida publicar.

Outro exercício é estabelecer quais padrões ou palavras-chave vai procurar em um currículo. Para certo cargo, meu recrutador e eu concluímos que nosso candidato ideal deveria ter experiência tanto em uma agência de *design* quanto em uma empresa de tecnologia, pois essa combinação costuma produzir um equilíbrio saudável entre visão e um pragmático *know-how*. Também concordamos que eu, e não ele, enviaria o *e-mail* de resposta, para que a experiência parecesse pessoal logo de início.

Às vezes, padrões inusitados podem conduzir a candidatos fantásticos. Segundo Patty McCord, ex-diretora de talentos da Netflix, sua equipe de recrutamento observou que um número surpreendente de líderes em ciência de dados também tinha grande interesse por música. Assim, além de privilegiar currículos de especialistas em dados, eles passaram a procurar pessoas que tocassem piano ou violão. "Concluímos que essas pessoas podiam usar os lados direito e esquerdo do cérebro – uma grande habilidade em se tratando de análise de dados", escreve Patty McCord.

Transforme a entrevista em uma experiência fantástica

Não sou capaz de dizer quantas vezes tive candidatos que aceitaram a proposta de trabalho e me disseram que um dos motivos para a aceitarem se deveu ao processo da entrevista, que foi muito atencioso, objetivo e rápido. Isso lhes deu confiança em nossa empresa e na equipe que iriam integrar.

Mesmo que você acabe não fazendo a proposta, uma experiência fantástica de entrevista diz aos futuros candidatos que você se importa com as pessoas que são o futuro da empresa.

Para isso, é necessário um vínculo muito estreito entre o gerente e o recrutador. Meu parceiro recrutador e eu somos como Batman e Robin para qualquer candidato que apareça em uma entrevista. Trocamos várias mensagens por dia sobre os detalhes: Todos os entrevistadores têm a formação exigida? Que habilidades vão procurar? Podemos encontrar um entrevistador que se relacione bem com o candidato, como Anne, que veio da mesma empresa, ou Dixon, que também é novo na cidade? Quem costuma estender a mão e agradecer ao candidato pelo tempo dele?

Trabalhando juntos na experiência de entrevistas, evitamos equívocos comuns, como esperar dias ou semanas para dar o próximo passo, fazer que o candidato repita o mesmo discurso várias vezes ou fornecer-lhe informações confusas e conflitantes.

Mostre aos candidatos que você precisa muito deles

Quando você decide melhorar a oferta, é função tanto sua quanto do recrutador demonstrar a vontade de escutar um "sim" do candidato. Quanto mais distância você criar no processo – por exemplo, demorando uma semana entre uma conversa e outra –, maior a probabilidade de a resposta ser negativa.

Depois que faço uma oferta, tento entrar em contato com o candidato em todos os dias seguintes, para fazê-lo entender que pensei nele e gostaria muito de tê-lo em minha equipe. Pergunto-lhe se ele se prontificaria a discutir algumas questões e, às vezes, almoçamos ou jantamos juntos para esclarecer a função dele em detalhes.

Quanto mais experiente for o candidato, mais você terá de se envolver, porque é provável que ele tenha várias opções, e você o quer para um papel de liderança em sua equipe. Pinte um quadro bem vívido do impacto que espera dele. Faça-o entender que a função é empolgante e por que ele é a pessoa perfeita para resolver esses grandes problemas.

A CONTRATAÇÃO É UM JOGO, MAS SEJA INTELIGENTE EM SUAS APOSTAS

Qual é a probabilidade de umas poucas horas com alguém lhe dar uma noção acurada de seu potencial como funcionário?

Talvez nos julguemos bons juízes de caráter, mas as evidências sugerem o contrário. Há poucos anos, o Google examinou milhares de entrevistas para descobrir se existia uma correlação entre o grau de otimismo com que um entrevistador avaliava um candidato e o desempenho posterior deste. Descobriram que havia "zero relação" e que tudo era "absolutamente aleatório".

Não fiquei surpresa ao ler isso, porque já tinha visto exemplos em ambos os lados – quando uma ótima entrevista nos induziu a contratar alguém que no fim se revelou uma má escolha, e quando eu disse "Não vamos contratar" a respeito de uma pessoa que, depois, revelou-se um excelente colaborador.

Há três razões pelas quais fazer muitas entrevistas nem sempre é uma previsão perfeitamente confiável do sucesso de alguém. Primeira: não se pode recriar o verdadeiro ambiente de trabalho de uma equipe durante um encontro de 30 minutos ou uma hora. Muitos projetos, no mundo real, exigem o trabalho de inúmeras pessoas e levam semanas, meses ou anos para ficar prontos. Uma entrevista só pode simular o bom desempenho do candidato perante um pequeno problema e em uma fração do tempo.

Segunda: os preconceitos dos entrevistadores afetam suas avaliações. Somos movidos pelas primeiras impressões e procuramos saber se o que vemos se enquadra em nossa compreensão do que é um "grande" candidato. Um estudo de Harvard concluiu que quando as orquestras sinfônicas norte-americanas implementaram as "audições cegas" – nas quais os entrevistadores ouviam o candidato tocar atrás de uma cortina –, a probabilidade de uma mulher passar pelas etapas preliminares aumentou em 50%.

Por fim, a terceira razão pela qual os resultados de uma entrevista não contam a verdade toda: as pessoas são capazes de mudar – e muito. O Google deixou de confiar em indícios como médias escolares no caso de candidatos que já haviam saído da escola há bastante tempo. Laszlo Bock, vice-presidente sênior de Operações com Pessoas, diz: "Depois de dois ou três anos, a capacidade de desempenho de uma pessoa no Google não tem relação nenhuma com suas notas na escola, porque as habilidades exigidas na faculdade são muito diferentes. Você é, em essência, uma pessoa diferente. Você aprende, amadurece e encara as coisas de outro modo".

Contratar é sempre arriscado. Mas, se você for inteligente em sua abordagem, as chances de sucesso vão aumentar.

Estude exemplos anteriores de trabalho similar

A melhor – embora ainda imperfeita – maneira de prever como alguém se sairá no futuro é descobrir como ele se saiu no passado em projetos similares e em ambientes parecidos. Por isso, os estágios são tão valiosos: quando uma pessoa fica na equipe por alguns meses, você percebe muito melhor como ela trabalha.

Outra maneira excelente de prever é mergulhar fundo no trabalho anterior do candidato. Quando entrevistamos *designers*, enfatizamos bastante a "avaliação de portfólio", na qual os candidatos apresentam alguns projetos de sua escolha. Ouvindo-os discorrer sobre seus processos e vendo alguns exemplos específicos do trabalho deles, aprendemos muito sobre suas habilidades e forma de lidar com problemas. Um amigo que trabalha na área de educação faz algo parecido quando pede a candidatos a professores que conduzam uma aula sobre o assunto que desejarem.

Pergunte aos candidatos se podem mostrar os aplicativos que desenvolveram, os artigos que redigiram, os serviços que prestaram etc., pois assim você conseguirá avaliar a qualidade de seu desempenho. Se o material apresentado for coletivo, peça que o candidato esclareça qual foi sua contribuição individual.

Solicite recomendações confiáveis

Se alguém de confiança lhe disser que Jane é formidável, mas que com Jack ele não gostaria de trabalhar, leve a informação a sério. A confiabilidade de uma entrevista de duas horas não é grande coisa perto da opinião de alguém que trabalhou com aquela pessoa e conta, assim, com uma experiência concreta.

Sempre que abrimos uma vaga, a primeira coisa que faço é informar à equipe toda que estamos contratando. "Se tivessem uma varinha mágica, quem seria o candidato dos sonhos para esse cargo?", pergunto-lhes. A lista que recebo é um bom ponto de partida para a busca, mas não basta. Entre as pessoas recomendadas, há padrões de habilidade, empresas ou experiências que deveríamos investigar a fundo?

Outro modo de ter recomendações confiáveis à mão é a verificação de referências. Kevin Ryan, fundador do Gilt Groupe e da Business Insider, leva muito a sério as referências pessoais. "O processo de contratação tem, comumente, três elementos: o currículo, a entrevista e a verificação de referências", diz Ryan. "Muitos gerentes valorizam demais o currículo e a entrevista, dando pouca atenção à verificação de referências. São elas as que mais importam."

O segredo, afirma Ryan, consiste em procurar referências honestas. "Às vezes, é difícil encontrar alguém que seja franco com você, mas o esforço vale a pena." Você não vai conseguir isso ligando para as pessoas indicadas pelo próprio candidato ou conversando com quem não conhece bem. Então, pergunte a seus colegas de confiança se poderão ajudá-lo a contatar pessoas nas quais eles confiam e que também conhecem o candidato em questão.

Ao avaliar referências, tenha em mente duas coisas. A primeira é que, como as pessoas costumam melhorar com o tempo, convém descartar informações negativas que não sejam recentes. Se seu amigo lhe disser que, há cinco anos, Jack não era bom para fechar negócios, é possível que desde então ele tenha melhorado muito.

Segunda: você não vai conseguir uma boa variedade de candidatos se procurar *apenas* entre seus contatos já existentes; portanto, volte à sua definição da pessoa ideal para o cargo e certifique-se de lançar a rede bem longe.

Envolva vários entrevistadores

A melhor prática para entrevistas é fazer que o candidato converse com várias pessoas inteiradas das exigências do cargo, cada uma propondo questões diferentes, para que o grupo tenha uma perspectiva equilibrada. Por exemplo, se você precisa contratar um gerente financeiro, um entrevistador poderá abordar características da gestão e a capacidade de colaboração, enquanto outro fará perguntas detalhadas sobre finanças, enquanto um outro, ainda, investigará a experiência anterior do candidato.

A intervenção de múltiplos entrevistadores pode reduzir os preconceitos e detectar sinais desfavoráveis que uma pessoa só talvez não perceba. Na hora de apresentar o relatório, porém, cada um deve registrar independentemente suas impressões e o "contratar" ou "não contratar" final, antes de ouvir as opiniões dos outros entrevistadores, para que a escolha não se torne coletiva, e sim individual.

Prefira a defesa fervorosa ao consenso

Quando começamos a aumentar o número de entrevistas, uma das coisas que passei a perceber nos relatórios foi o que chamamos de *contratação fraca* – quando todos os entrevistadores acabam sugerindo "contratar", o que parece ótimo no papel. A decisão é unânime, mas ninguém parece muito entusiasmado com ela. Isso se traduz em frases como "Não sei se ele vai se dar bem em *minha* equipe, mas acho que pode ser valioso em outra" ou "Não vejo motivo para *não* contratá-lo...".

Notei que as contratações fracas ocorrem quando um candidato não apresenta nenhuma característica de destaque – parece agradável o bastante, responde de maneira convencional às perguntas e tem boa experiência. Mas, ao mesmo tempo, não se *destaca* em nenhuma dimensão particular. Nenhum entrevistador se sentiria motivado a defender a contratação caso os outros decidissem o contrário.

Como toda contratação é um risco, não aceite contratações fracas. Elas não serão um fracasso, mas também não terão nada a acrescentar. Caso queira fazer uma aposta, arrisque-se por alguém que seja fervorosamente defendido. Se um candidato recebeu avaliações contraditórias, mas todos os entrevistadores enfatizaram que gostariam de trabalhar com ele, esse é em geral um indício de que ele trará algo de muito valioso para a equipe.

Prepare as perguntas da entrevista com antecedência

As melhores entrevistas ocorrem quando você comparece com uma ideia muito clara do que deseja saber sobre o candidato.

Ou seja, você deve se inteirar da formação dele e ter pronta uma lista de perguntas. Se houver vários entrevistados para o mesmo cargo, faça a cada um deles as mesmas perguntas. Lembre-se de que todos temos preconceitos – caso não reconheça isso, correrá o risco de basear sua decisão nas impressões que tiver da pessoa e no fluxo da conversa, e não no conteúdo das respostas.

Certa vez, entrevistei um candidato (vamos chamá-lo de Mason) que se apresentou nervoso e tímido. Não me olhava muito nos olhos, respirava fundo entre as frases e repetia a mesma coisa três vezes em uma única resposta. Eu, porém, havia preparado uma lista de perguntas a fim de descobrir suas habilidades e experiência. Poderia ele me dizer como estabelecia metas em determinado projeto? Poderia me contar qual tinha sido o desafio mais difícil encontrado no emprego anterior e como o havia enfrentado? Poderia descrever com honestidade seus pontos fortes e fracos (e ele de fato admitiu que uma de suas fraquezas era a comunicação)?

Essas perguntas me ajudaram a entender como Mason enfrentava os problemas, e ele se saiu bem. O conteúdo das respostas era mais detalhado e incisivo que o das de outros candidatos. Resolvemos contratá-lo. Mason se esforçou para melhorar sua capacidade de comunicação e logo se tornou um excelente colaborador.

Só você pode decidir quais perguntas deve fazer, pois só você sabe o que está procurando. Cargos muito especializados costumam demandar, de modo geral, perguntas que abordem diretamente as habilidades exigidas. Entretanto, se estiver buscando o ponto de partida a respeito do que perguntar, estas são minhas perguntas abrangentes preferidas:

1. *Que tipos de desafio o interessam e por quê? Você pode descrever um projeto favorito?* Isso vai me dizer o que desperta paixão no candidato.

2. *Quais são, a seu ver, seus pontos fortes? Quais são as áreas em que você está em franca expansão, de acordo com seus colegas?* Essa pergunta vai diretamente à autopercepção do candidato e aos seus verdadeiros pontos fortes ou fracos.

3. *Imagine-se daqui a três anos. O que espera ser diferente em você, em comparação com o que é agora?* Isso me permite entender as ambições do candidato, bem como se ele é autoconsciente e focado em suas metas.

4. *Qual foi o conflito mais difícil que enfrentou no último ano? Como esse conflito terminou e o que você aprendeu com a experiência?* Isso me dá uma ideia de como o candidato trabalha com outras pessoas e lida com conflitos.

5. *O que, recentemente, inspirou-o em seu trabalho?* Isso esclarece o que, na opinião do candidato, é interessante ou valioso.

Rejeite quem exibe comportamento tóxico

Você se lembra de que falamos sobre não tolerar nunca um babaca na equipe? Nas entrevistas, fique atento aos sinais de advertência: falar mal de ex-empregadores ("Meu último gerente era péssimo"); culpar os outros por fracassos em projetos de que participou ("O último projeto não foi adiante por causa da política interna da empresa"); insultar outras pessoas ("Os membros da equipe de vendas eram uns idiotas"); perguntar o que a empresa pode fazer por ele, e não o contrário ("Essa proposta parece mais um degrau em minha carreira"); e mostrar imensa arrogância ou falta de noção ("Esse cargo me atrai porque, conforme estou vendo, vocês precisam de uma pessoa altamente qualificada").

Monte uma equipe com perspectivas diversas

Há muito tempo, quando nossa equipe estava em crescimento, minha gerente Kate iniciou um processo de contratação para alguns cargos novos de liderança. Lembro-me de ouvir apresentações e mais apresentações de candidatos vindos de grandes empresas. Explicavam seus rebuscados processos de *design*: elaborar complicadas *personas*, fazer pesquisas por meses a fio, promover reuniões para geração de ideias envolvendo centenas de lembretes em *post-its*.

Na época, o Facebook ainda era pequeno e eu não conseguia entender por que não se podia ir a uma sala com alguns engenheiros para conceber e esboçar um produto em poucas semanas. Aqueles processos extravagantes me pareciam um exagero. Veteranos de grandes empresas iriam se sair bem em nosso modesto ambiente de *startup*? Não estava convencida disso. Porém, depois que Kate fez algumas contratações, obtive a resposta.

No princípio, entrei em atrito com os novos gerentes – discordávamos quanto à estratégia de contratação, à maneira de encarar as críticas, ao desempenho de determinado *designer* de alto nível, e por aí vai. Para ser franca, eu achava que a "jovem guarda" tentava complicar ainda mais as coisas, e ela pensava que eu tinha uma mente fechada.

Mas o tempo sempre revela a verdade. Como estávamos crescendo, ter conosco gerentes que sabiam o que fazer quando passamos de 50 para 250 pessoas foi uma tremenda vantagem. Aos poucos, fui percebendo que os pontos fortes deles eram os meus pontos fracos. Com certeza precisávamos aprimorar nossos métodos de trabalho, entre eles, os de contratação de novos talentos, introduzindo processos mais estruturados e, é óbvio, mais apoio para a crescente base de usuários por intermédio da aquisição de ferramentas como *personas* e *sprints.*

Priorizar a diversidade não é meramente um cartaz ou um *slogan.* É a crença de que a diversidade em todos os aspectos – de gênero a raça, de currículo a experiências de vida – leva a melhores ideias e melhores resultados. A ciência corrobora isso: segundo uma pesquisa de 2014 com centenas de empresas públicas, as que contavam com maior diversidade étnica e racial em sua gestão tinham 35% a mais de probabilidade em obter ganhos financeiros superiores à média. Um estudo com 2.400 empresas concluiu que as que tinham pelo menos uma mulher na diretoria apresentavam melhores resultados que as que não tinham nenhuma. Uma experiência que envolveu fraternidades e irmandades de estudantes, masculinas e femininas, mostrou que equipes com alguém "de fora" resolviam os problemas com mais facilidade que as equipes formadas apenas por membros do grupo.

Deixando os dados de fora, a coisa faz sentido: Você poderá obter ideias inovadoras de pessoas com a mesma aparência e os mesmos comportamentos que os seus, ou daquelas que lhe oferecem perspectivas diversas?

Priorizar a diversidade significa buscar com afinco candidatos capazes de trazer para a empresa algo diferente. Significa não apenas promoções internas, mas também contratações externas. E significa ainda reconhecer que cada pessoa, inclusive você e eu, vem com a própria bagagem de crenças, que se opõem às de muitas outras. A força da diversidade ajuda a equipe a evitar preconceitos, tomar decisões mais acertadas e pensar com mais criatividade.

Contrate pessoas capazes de fazer mais

Às vezes, ouço gerentes dizendo coisas como: "Só preciso de alguém para cuidar de X agora. Não preciso de alguém que faça Y e Z".

Talvez. É claro que você não vai procurar um CEO quando a função (e o orçamento) exigir um vendedor de primeira linha. Por outro lado, se estiver lidando com um trabalho que exige conhecimento, contratar alguém que pareça à altura de oferecer mais do que a função exige naquele momento significa que ele poderá ajudá-lo a resolver problemas mais sérios no futuro. Durante todo o tempo em que montei equipes, nunca disse para mim mesma: "Ah, não há problemas sérios que meu pessoal talentoso não possa resolver".

Na verdade, o oposto é que foi sempre verdadeiro. Certa vez, contratei um candidato para diretor quando estávamos promovendo uma nova iniciativa. O tamanho da equipe era então modesto, e aquela pessoa já dirigira empresas bem maiores. No papel, a função parecia modesta demais para a capacidade dele.

Meses depois, ele já ia além de sua área, identificando e executando outras iniciativas que nos ajudavam a crescer. Quando surgia a oportunidade de liderar outra equipe, ele era a primeira pessoa em quem eu pensava. Depois de um ano, passou a gerenciar inúmeros projetos importantes.

Para o gerente, uma das maneiras mais inteligentes de multiplicar a produtividade da equipe é contratar as melhores pessoas e incentivá-las a fazer cada vez mais, até o limite de sua capacidade.

Decepções fazem parte do negócio, mas mantenha a confiança no processo

Para mim, a parte mais angustiante da contratação era sua incerteza. Se eu mandasse uma mensagem a um candidato, não havia garantia alguma de que ele fosse responder. Se recebesse a resposta e marcássemos uma conversa por telefone, era grande a chance de ele ou eu decidirmos mais tarde que o cargo não lhe convinha.

Nos casos em que o candidato comparecia à entrevista, poderia não se sair bem nas respostas. Porém, caso chegássemos ao fim, com uma bela oferta para ser assinada, o candidato poderia recusá-la. Cada passo carregava consigo uma possibilidade de decepção, caso em que eu concluiria, então, que havia perdido tempo.

No entanto, aprendi que, se olhasse para a essência da coisa, o processo de recrutamento passava a ser visto tão somente como um afunilamento de números. Quando se está tratando de dezenas de candidatos, o funil permanece relativamente consistente. Por exemplo (os números são apenas hipotéticos aqui), de vinte *e-mails* enviados, você pode se interessar por dez. Dos dez encontros iniciais, quatro passarão para a etapa da entrevista. Das quatro entrevistas, uma resultará em uma oferta. E, na maioria das vezes, a chance de o candidato recusá-la é de 50%.

Embora os números possam ser diferentes de acordo com a equipe, a função e a empresa, você quase sempre chegará à seguinte equação: "Uma média de X *e-mails* iniciais leva a uma contratação".

Pensar assim me fez ter confiança em que, quanto mais tempo e energia eu gastasse no processo de recrutamento, mais vantagem obteria, mesmo que em alguns casos pontuais as coisas não funcionassem.

CONTRATAÇÃO DE CINCO, DEZ OU CENTENAS DE PESSOAS

Há alguns anos, nossa empresa se desenvolvia com rapidez e não conseguíamos contratar *designers* no mesmo ritmo. Todos os dias, eu ouvia mais uma história sobre como a escassez de funcionários estava criando problemas – projetos eram adiados, os *designers* se consumiam, frustrações se multiplicavam. "Mas já estou trabalhando nisso!", gritava eu em resposta. E estava. Não se passava um dia sem que eu trocasse mensagens com a equipe de recrutamento, enviasse *e-mails* em tom hostil ou conduzisse entrevistas. "Quero contratar gente boa", dizia. "E contratar gente boa leva tempo."

Semanas depois, meu gerente Chris e eu estávamos tendo nossa costumeira conversa 1:1 quando o assunto se desviou para minhas vagas em aberto. "Você acha que dedica tempo suficiente à contratação?", perguntou ele. "Sim", respondi, e comuniquei-lhe meu padrão de nunca passar um dia sequer sem me dedicar a essa atividade. Fez-se um longo silêncio. Então ele me olhou bem nos olhos e perguntou: "Se eu lhe dissesse que contratar bem é a *única* coisa que importa, você agiria de forma diferente?"

Hesitei. Do modo como ele havia colocado a questão, sim, é claro. Eu trabalhava com contratação todos os dias, mas a maior parte de meu tempo era dedicada a outras tarefas – revisar roteiros, criticar *designs*, conversar com subordinados etc. Quando encarei a contratação como a *única* tarefa em que devia me concentrar, de repente dezenas de ideias novas brotaram em minha cabeça. Poderia pedir à minha rede de contatos mais referências. Poderia convidar mais candidatos para um café. Poderia me aprimorar consultando colegas de confiança.

Os quatro meses que se seguiram foram para mim os mais produtivos até então. Preenchi todos os cargos de liderança e demos as boas-vindas a vários novos talentos em nossa equipe.

Aprendi que contratar é como encarar um problema de *design*. Quando você começa, não sabe qual será a resposta nem quanto tempo o processo exigirá – mas você deve confiar nesse processo. Se empregar mais tempo e energia naquilo – se aparecer, digamos, com dez opções diferentes de *design* para examinar ou entrevistar dez candidatos –, por fim achará a melhor solução. Sempre.

Já estabelecemos, portanto, que recrutar é parte essencial do trabalho do gerente. Porém, quando sua equipe está crescendo rápido demais, a habilidade de contratar passa logo a ser a primeira ou a segunda mais importante. Se você precisa montar uma equipe grande e não tem um grupo forte de gerentes, não vai demorar nada para o problema se tornar intratável. Você não conseguirá obter bons resultados se não atrair pessoas talentosas para a equipe de forma consistente, garantindo também que elas saibam contratar.

Eis os tópicos mais importantes que aprendi sobre recrutamento em grande escala.

Uma contratação bem-sucedida depende de uma execução diligente

Dependendo de sua sorte, colocar alguém em determinada função pode exigir de duas semanas a dois meses. Contudo, em grande escala, quando você precisa de vinte ou duzentas pessoas em vez de apenas duas, as probabilidades começam a se tornar imprevisíveis. Se, para sua equipe, houver uma contratação para cada duas ofertas, oito entrevistas, vinte encontros iniciais e quarenta *e-mails*, para conseguir vinte contratações, você precisará enviar cerca de oitocentos *e-mails* ao longo do ano. É muito; mas a certeza de êxito é tranquilizadora.

Sua tarefa será, nesse caso, construir uma máquina bem aferida na qual todos os passos do funil de recrutamento aconteçam de maneira suave e eficiente. Digamos que haja oito gerentes em sua equipe. Para alcançar suas metas de contratação, cada gerente terá de enviar mais ou menos duzentos *e-mails* por ano, ou seja, quatro por semana. Não é nenhuma loucura. Se quiser alcançar a marca de 160 entrevistas, planeje a visita de três candidatos por semana. Você terá de contar com pessoas suficientes para se encontrar com eles de maneira consistente e objetiva, ou seja, precisará de um programa para treinar os entrevistadores.

Busque, também, oportunidades para dar mais eficiência a seu funil. Que tal tornar seu *e-mail* inicial mais atraente e, assim, obter mais respostas? Que tal promover eventos para que possíveis candidatos se sintam mais dispostos a comparecer à entrevista? Que tal aprimorar as perguntas a fim de conseguir mais informações sobre o candidato?

Seu sucesso vai depender da maneira como você lidará com esse processo. Fragmente o problema em peças cada vez menores e peça a seu pessoal que ajude a equipe a crescer e prosperar.

Pesquise ao contratar líderes

Contratar um gerente ou um colaborador sênior para sua equipe é um grande investimento, ao passo que a contratação de más lideranças é desproporcionalmente mais prejudicial, porque afeta um número maior de pessoas. Se trouxer um novo gerente cujos valores não se alinhem com os seus, ele contratará pessoas que você talvez não considere adequadas. Se ele se revelar um colaborador ruim, você terá de lidar com uma avalanche de queixas pelos corredores.

É prudente não se apressar nas contratações de líderes; ao contrário, certifique-se, antes, do perfil do candidato ideal. A maneira mais fácil de fazer isso é conversar com o máximo possível de candidatos, inclusive aqueles que talvez não queiram o emprego, mas sabem muito sobre a função – principalmente se a contratação for para um cargo que você não conhece bem. Você precisa fazer o dever de casa para saber como agir.

Imagine um CEO inteligente, com formação em vendas, tentando encontrar um chefe de engenharia. Ele nunca trabalhou nisso antes! Como vai saber o que procurar? Pode começar pedindo a conhecidos que o ponham em contato com bons líderes de engenharia. Mesmo que estes não estejam interessados no cargo, o CEO deve convidá-los para um café e aprender com eles: O que procuram em um currículo? Que perguntas fazem nas entrevistas e que tipos de resposta esperam? Podem indicar bons candidatos?

Nosso CEO, em seguida, poderá conversar com os engenheiros de sua equipe a fim de entender o que, na opinião deles, é importante em um líder. Pode pedir que lhe ensinem como detectar as habilidades técnicas de um candidato e entrevistar vários candidatos para saber melhor o que procurar. Como resultado, ele tomará decisões de contratação com muita confiança, descobrindo um líder de engenharia de alto nível.

Quando você contrata um excelente líder, o impacto na equipe é imenso, e por anos a fio. Portanto, não se precipite – pesquisar vale a pena.

Quando se trata de um grande talento, tenha visão de longo prazo

Isso acontece com tanta frequência que se tornou praticamente um clichê. Estou ansiosa para contratar um líder fantástico. Encontro alguém que me impressiona muito e, de imediato, meus olhos brilham ao pensar nas possibilidades. Vejo nós dois enfrentando problemas juntos e chegando à solução. Imagino até como vou apresentar essa pessoa à equipe no primeiro dia.

Empolgada, faço a oferta e tudo está indo às mil maravilhas, até... até receber o temido telefonema: "Na verdade, mudei de ideia...". Arrasada, desejo-lhe boa sorte e recosto-me na cadeira. Risco seu nome da lista. A busca continua.

Mas, veja bem, essa história tem um final feliz. Porque, meses ou anos depois, abro um *e-mail* vindo como que do nada. É do candidato. A situação mudou, diz ele, esclarecendo que agora ele está interessado de novo. Haveria um lugar para ele em minha equipe?

Lição: recrutar talentos de alto nível depende das relações que você constrói. Líderes bons e maduros têm muitas escolhas, porque todo mundo quer contratá-los. Quando procuram o próximo emprego, costumam aproveitar as oportunidades que já sabem ser as melhores. Talvez um grande amigo trabalhe na empresa X e goste do ambiente. Ou, talvez, tiveram contato prévio com alguns dos líderes da empresa Y. Se você pode conseguir o emprego que quiser, por que escolheria uma empresa onde não conhece ninguém?

Por isso, atrair as melhores pessoas é um investimento de longo prazo. Fique de olho nas estrelas em ascensão de sua área e procure conhecê-las em conferências, encontros ou outros eventos. Alimente sua rede continuamente. E promova a reputação de sua equipe, participando da comunidade, contribuindo com novos conhecimentos para a área, contando sua história na imprensa ou apenas sendo uma pessoa de destaque.

Mesmo diante das muitas ofertas que vi recusadas ao longo dos anos, acabei entendendo que não foram em vão. Vários líderes que tenho hoje em minha equipe só vieram depois de dizer "não" uma ou duas vezes. Agora, sempre digo a quem recusa minhas ofertas que espero ver nossos caminhos se cruzarem de novo. Os empregos podem ser breves, mas as carreiras são longas. Às vezes não temos a oportunidade certa no momento certo, ou os candidatos ainda não estão prontos para fazer algo novo. Um dia isso pode mudar e, então, quero que pensem em nós.

Monte um bom quadro de chefia

Dou a um dos cenários que imagino com os líderes de minha equipe o nome de teste das "férias prolongadas" (outros o chamam de "atropelado pelo ônibus", mas acho esse título um tanto mórbido). É assim: Se você fosse passear em alguma montanha distante ou tomar sol em uma ilha deserta durante alguns meses, o que seu chefe precisaria fazer para garantir que tudo corresse bem na sua ausência?

Se a resposta for "pouca coisa", parabéns! Você tem um belo quadro de chefia. Mas se for "Hum... meu gerente precisaria se desdobrar", esse é um sinal de que seus superiores precisam reforçar o quadro.

Ter um quadro forte significa que seus substitutos podem se encarregar dos trabalhos caso você precise se ausentar de repente. Significa também que você não é o único responsável pelo bom andamento das tarefas – incêndios não eclodirão, o caos não se instalará, o trabalho não vai parar se não estiver no escritório. Ter um grande quadro de chefia é um dos principais sinais de uma liderança de alto nível, porque, nesse caso, a equipe que você montou pode continuar manobrando o barco no rumo certo mesmo que você não esteja ao leme.

"Espere um pouco", ouço alguém dizer. "Isso parece ótimo na teoria, mas, se sua equipe pode ser bem-sucedida sem sua participação, não quer dizer que você é dispensável?"

Boa pergunta. Mas indague a si mesmo: "Os melhores líderes não podem ser ensinados a ter um desempenho ainda melhor?". A resposta é um inquestionável "sim", e você deve ver seu trabalho como uma influência multiplicadora para seu pessoal.

Mais importante ainda: um quadro de chefia forte deixa o gerente livre para enfrentar o próximo desafio. Quando o Facebook funcionava em um dormitório de Harvard, Mark Zuckerberg escrevia pessoalmente quase todos os códigos do serviço. A contratação dos primeiros engenheiros não significou que ele havia se tornado obsoleto; significou apenas que agora ele podia dar atenção a outras coisas – expandir o serviço para outras escolas, desenvolver novos recursos como o News Feed e contratar outros líderes para ajudá-lo na tarefa de conectar o mundo.

O trabalho de sua equipe não pode ser estático – à medida que ela for se tornando capaz de fazer mais, suas ambições também devem crescer. Qual é o próximo problema de peso que a equipe vai enfrentar e como você pode ajudá-la nessa tarefa?

Hoje, o Facebook continuaria a ser o que é mesmo que Mark tirasse umas férias prolongadas – na verdade, ele ficou longe alguns meses, após o nascimento das filhas. Entretanto, sua liderança continua incentivando a empresa a sonhar alto e a sempre fazer mais para unir as pessoas.

Crie uma cultura que priorize a boa contratação

Se sua equipe está crescendo a ponto de exigir mais gerentes, a responsabilidade de contratar deve ser compartilhada. A certa altura, você não poderá estar presente em todas as entrevistas nem terá o voto final em cada contratação. Isso é impossível quando há dezenas ou centenas de contratações por ano.

Por um lado, talvez você sinta que está perdendo o controle, que está "deixando cair os LEGOs da mão", como diz minha amiga Molly Graham. Molly sabe o que é crescer muito devido às experiências que teve no Google, no Facebook e em outras *startups*. Ela compara a ansiedade que se sente nesses casos à de um garoto que por um tempo foi o único arquiteto, mas que agora precisa dividir os blocos de montagem com outras pessoas.

Por outro lado, você tem a chance de criar uma cultura duradoura, que levará adiante seus valores em escala maior. Para criar isso, preste atenção ao modo como estabelece o tom para a contratação. Instrua seus líderes a tratarem a criação da equipe com o máximo cuidado, dedicando tempo e atenção suficientes ao contato com candidatos que sejam notáveis. Fale sempre a respeito de seus valores, para que todos entendam o perfil ideal do grande talento. E, acima de tudo, deixe claro que criar uma equipe não é tarefa para uma pessoa só, é tarefa para todas.

Durante nossas reuniões mensais de *design*, temos uma longa tradição que consiste em andar pela sala, apresentando os novos funcionários. Em princípio, parecia que eu estava oferecendo um jantar no qual apresentava conhecidos novos a velhos amigos. Com o tempo, entretanto, outros gerentes passaram a fazer o mesmo com os funcionários recém-contratados.

Certa vez, conduzindo esse ritual em uma sala enorme, cheia de gente, passei o olhar pelo local e percebi que não conhecia nenhuma daquelas caras novas! Foi uma constatação surpreendente, mas também um dos momentos que mais me deixaram orgulhosa. À medida que íamos passando de pessoa em pessoa, ficava claro que os novos funcionários eram ótimos. Eu não havia contratado nenhum diretamente, mas mal podia esperar para trabalhar com eles.

Capítulo Oito

Fazendo as Coisas Acontecerem

EVITE

ALMEJE

---

1 KPI: Key Performance Indicators (Indicador-chave de *Performance*); NPS: Net Promoter Score (Índice de Satisfação); MVP: Minimum Viable Product (Mínimo Produto Viável). (N. do P.)

Era uma vez um sujeito chamado Kevin, que amava o uísque do Kentucky e queria criar algo que ajudasse as pessoas a fazer planos com amigos, conhecer lugares diferentes e postar fotos desses encontros. Ele logo criou um aplicativo chamado Burbn e o lançou no mundo. Convenceu seu amigo Mike a se juntar a ele e, juntos, observaram com cuidado quem usava o aplicativo.

Acontece que o que haviam construído era complicado e pouco útil. Os usuários não surgiam, e esse era o ponto principal do serviço. Mas havia um recurso que parecia estar dando certo – o compartilhamento de fotos. As pessoas postavam fotos da vida cotidiana – ruas e restaurantes, café com leite e cerveja, amigos e *selfies*. Fascinados, Kevin e Mike se concentraram nessa área. Estudaram todas as formas com que as pessoas compartilhavam fotos usando o celular. Alguns meses depois, decidiram rearticular o aplicativo. Cortaram os recursos de planejamento e *check-in* de localização, concentrando-se no belo e simples compartilhamento de fotos. Ah, e mudaram o nome também: de Burbn para Instagram.

Hoje, o Instagram é usado por mais de 1 bilhão de pessoas em todo o mundo. Em 2012, tornou-se parte da família Facebook, após uma aquisição de 1 bilhão de dólares.

A história da origem de toda grande empresa revela um tema comum: o caminho para o sucesso nunca é uma linha reta. Não se trata de ter a única, brilhante e relampejante ideia, aquela que finaliza o jogo em um piscar de olhos. Ao contrário, trata-se de planejar e executar de maneira consistente – você procura pôr em prática o que lhe parece ser uma boa ideia. Faz isso com rapidez. Mantém a curiosidade e a mente aberta. Aprende. Então, descarta o que falhou e duplica o que está funcionando. Aprimora e repete, talvez várias vezes. Esse é o processo que faz as coisas acontecerem.

Processo. Muitas pessoas julgam essa palavra negativa porque ela evoca imagens de preenchimento de papelada ou espera em filas. Mas o processo não é, em si, nem bom nem mau. É apenas a resposta à pergunta: "Quais ações tomaremos para alcançar nossos objetivos?". Mesmo que essa resposta não esteja escrita em nenhum lugar, ela existe.

Um processo ruim é rígido e arbitrário. Parece uma corrida com obstáculos. Mas um bom processo pode nos ajudar a fazer as coisas da melhor maneira possível. Aprendemos com os erros, agimos com rapidez e tomamos decisões mais inteligentes para o futuro.

Como você pode estabelecer processos eficientes para sua equipe? Este capítulo discute alguns dos fundamentos para fazer as coisas acontecerem.

COMECE COM UMA VISÃO CONCRETA

Certa vez, estava trabalhando em um roteiro de seis meses para nossos grupos de produto. Queria começar esclarecendo o propósito implícito em nosso trabalho, por isso escrevi: "Ajude as pessoas a se conectarem com outras por meio de interesses comuns". Depois, descrevi nossa estratégia e os próximos passos.

Na conversa 1:1 seguinte com meu gerente Chris, mostrei-lhe o documento para obter *feedbacks*. Ele leu a primeira frase, pegou uma caneta e sublinhou: "Ajude as pessoas a se conectarem com outras por meio de interesses comuns". "É muito leve", murmurou. "Como assim?", perguntei. Para mim, o roteiro parecia uma descrição absolutamente exata do que estávamos procurando fazer. Ele tentou novamente: "É... hum... meio fraco. Na verdade, não descreve o que será modificado".

Então, entendi. Embora seja comum ouvir palavras como "ajuda", "melhora" ou "aprimoramento" quando se fala de metas, elas não nos passam uma imagem clara. Se alguém da equipe corrige um *bug*, isso "melhora" a experiência? Com certeza. Contribui para *ajudar as pessoas a se conectarem com outras por meio de interesses comuns*? Sem dúvida. Mas nossa equipe ficaria feliz se isso fosse tudo o que fizéssemos nos próximos seis meses? De jeito nenhum. Devido à enorme carga de subjetividade, palavras como "ajuda" ou "aprimoramento" não fazem muito para criar um senso de propósito compartilhado.

Por outro lado, visões tangíveis têm mais impacto. Lembre-se do cativante lema da campanha de Herbert Hoover: "Um frango em cada panela". Isso nada tem de "fraco". A promessa não é "Os Estados Unidos ficarão mais ricos". Nem "O povo terá mais prosperidade econômica". "Um frango em cada panela" evoca a imagem de milhões de famílias desfrutando de um jantar farto e saudável.

Acontece que Herbert Hoover nunca disse isso. A frase vem de um panfleto da campanha republicana publicado na época da eleição. Porém, o impacto dessa pequena promessa se espalhou por todos os cantos, durante quase um século de atribuição equivocada. Essa é a força e o poder de uma visão concreta.

Quando o Facebook era um site pouco conhecido, usado por milhões de estudantes, Mark Zuckerberg comentou casualmente que, um dia, conectaríamos o mundo inteiro. Na época, o MySpace era quase dez vezes maior que nós, fazendo com que aquela frase parecesse uma ambição despropositada. Mas era uma visão nítida, concreta. Ninguém ficaria confuso sobre o que procurávamos. Não estávamos apenas tentando "crescer e melhorar o serviço". Não tínhamos sequer o objetivo de ser o ator número um nas redes sociais. Pusemos na cabeça que, um dia, construiríamos alguma coisa tão útil que *todas* as pessoas – o mundo inteiro – usariam.

Uma visão inspiradora é ousada. Não se contenta com pouco. Você sabe na mesma hora se atingiu o objetivo ou não, porque esse objetivo é mensurável. E é repassado com facilidade de uma pessoa para outra. Ela não descreve o "como" – isso sua equipe descobrirá sozinha –; apenas antevê o resultado. Digo a minha equipe que saberei se ela descreveu bem sua visão quando, consultando aleatoriamente cinco pessoas que a ouviram, todas me repetirem a mesma coisa.

Cabe ao gerente definir e compartilhar com sua equipe a visão concreta daquilo que todos estão tentando alcançar. Um serviço de tutoria do SAT[1] pode estabelecer como objetivo melhorar o rendimento de cada aluno em pelo menos 200 pontos. Um laboratório pode querer reduzir em 50% as taxas de erro no prazo de dois anos. O departamento de Captação de Recursos de uma organização sem fins lucrativos pode estabelecer a meta de arrecadar 50 milhões de dólares em três anos. No caso do Groups, eventualmente tivemos por missão permitir que 1 bilhão de pessoas encontrasse uma comunidade significativa no Facebook.

Para começar, faça a si mesmo as seguintes perguntas:

- Imagine que você tenha uma varinha mágica que faz todo o trabalho de sua equipe caminhar com perfeição. Qual mudança você espera para daqui a dois ou três anos?
- Como gostaria que alguém que trabalha em outra equipe descrevesse o que sua equipe faz? Que reputação você deseja para sua equipe daqui a alguns anos? Isso está muito distante da realidade atual?
- Quais superpoderes únicos sua equipe tem? Quando você está no auge de sua forma, como faz para criar va-

---

1 O SAT (*Scholastic Aptitude Test* ou *Scholastic Assessment Test*) é um exame educacional padronizado nos Estados Unidos aplicado a estudantes do ensino médio, que serve de critério para admissão nas universidades norte-americanas. (N. do T.)

lores? Como sua equipe atuaria se fosse duas... ou cinco vezes melhor?

- Se você tivesse que criar um teste rápido para avaliar se sua equipe está fazendo um trabalho ruim, medíocre ou muito bom, qual seria esse teste?

Crie um plano de jogo aceitável

Digamos que você tenha uma visão concreta e saiba como é o sucesso esperado. E depois? Depois, terá de elaborar um plano – uma estratégia – para tornar reais os resultados previstos.

"Planos são inúteis, mas planejamento é tudo", disse Dwight D. Eisenhower, um dos maiores generais da história, responsável pelo Dia D durante a Segunda Guerra Mundial. Embora surpresas aconteçam e nem tudo permaneça sob nosso controle, é por meio do processo de planejamento que entendemos nossa situação e traçamos a melhor rota para o sucesso. Quando surgem emergências, uma estratégia sólida fornece a base para adaptarmos nossos planos com rapidez, em vez de voltarmos ao caos da estaca zero.

O que contribui para uma boa estratégia? Primeiro, ela deve ter uma possibilidade realista de funcionar. Se alguém lhe perguntasse qual é sua estratégia para montar "uma barraca de limonada em cada quarteirão" e você dissesse que contrataria as principais celebridades do mundo para endossar o plano, as pessoas franziriam a testa. Fazer isso exigiria tanto dinheiro que a ideia se tornaria inviável. Você também poderia dizer que seu produto é tão incrível que os LeBron James e as Taylor Swift deste mundo *desejariam* ter sua imagem associada a ele, mesmo que você não os pagasse – o que é algo bastante improvável.

Uma boa estratégia deve chegar ao cerne do problema que tenta resolver. Ela concentra os pontos fortes, os recursos e a energia exclusivos de uma equipe naquilo que mais importa para alcançar seus objetivos.

Se você lidera uma parte menor de uma empresa grande, os planos de sua equipe devem estar diretamente relacionados à estratégia de nível superior da empresa. Por exemplo, o Facebook procura dar às pessoas o poder de construir uma comunidade e aproximar o mundo por meio de ferramentas como *News Feed*, *Messenger* e *Groups*. Dentro dessas equipes de produto, os líderes têm a tarefa de criar estratégias específicas para sua área de suporte à missão do Facebook.

Ao planejar o futuro, lembre-se dos tópicos apresentados a seguir.

Elabore um plano baseado nos pontos fortes da equipe

Assim como seu estilo de gestão reflete quem você é e no que é bom, seus planos também devem levar em consideração os recursos exclusivos de sua equipe. Por exemplo, minha equipe de *designers* de produto é especialista em *design* de interação para dispositivos *mobile* e de *desktop*. Essas são as habilidades que contratamos e para as quais treinamos, pois essa é nossa tarefa principal. Mas, nos casos em que o projeto exige um vídeo de marketing mais elaborado ou um grande número de ilustrações, costumo recorrer a outra equipe.

Às vezes, isso confunde meus colegas engenheiros. "Mas vocês não são *designers*?, perguntam. *"Designers* desenham e animam, certo?"* Explico que, embora muitas pessoas de nossa equipe *possam*, isso não significa que *devam*. A tarefa não é de nossa competência principal e, provavelmente, acabaremos levando o dobro do tempo para 80% da qualidade que uma equipe especializada pode oferecer.

Assim como você não enviaria um esquadrão de cavalaria em uma missão de espionagem, não deve criar um plano no qual sua equipe não se encaixará. Há dezenas de caminhos para ir do Ponto A ao Ponto B. Você deseja ir por terra, mar ou ar? Se escolher terra, pretende seguir o caminho da selva ou o da montanha? Não existe uma resposta universal correta. O plano mais inteligente para sua equipe é o que reconhece os pontos fortes e fracos dela.

Concentre-se em fazer pouco, mas bem-feito

Você já ouviu falar do princípio de Pareto? Ele foi batizado com esse nome em homenagem a um economista italiano que observou um padrão interessante de distribuição de riqueza na Itália do século XIX, sendo agora mais conhecido como princípio 80/20, graças a um livro de grande sucesso escrito por Richard Koch em 1998. A ideia geral é que a maioria dos resultados provém de uma minoria de causas. O segredo é identificar quais são as mais importantes.

A sabedoria convencional diz que o sucesso vem do trabalho árduo e da perseverança diante das dificuldades. Esse é um conselho prudente, mas ignora a importância do foco. Como escreve Koch: "Poucas pessoas levam os objetivos realmente a sério. A maioria despende um esforço médio com muitas coisas, em vez de despender um pensamento e um esforço maiores com poucas coisas que lhe sejam importantes. Pessoas que vão longe são seletivas, bem como determinadas".

Ao criar novos produtos, os construtores devem determinar quais recursos são essenciais e quais seriam do tipo: "legal se eu tivesse". Ao formar uma nova equipe, gerentes tentam contratar líderes ou "âncoras" antes do restante do grupo. Ao definir quais pacientes serão atendidos na sala de emergência, os médicos fazem a triagem e cuidam dos problemas mais urgentes primeiro. Priorização é o segredo; eis uma habilidade gerencial essencial.

A melhor maneira de praticar a priorização é organizar uma lista em ordem de importância. Certifique-se de que os problemas no topo dessa lista estejam resolvidos antes de se aventurar mais abaixo. Por exemplo, se você tem cinco tarefas pendentes hoje, classifique-as por prioridade e faça a número 1 antes da marcada como número 2. Se tiver três objetivos para sua equipe, responda a esta pergunta: "Se eu pudesse alcançar apenas um dos objetivos, qual seria?". Se tem cinco cargos em aberto, coloque toda a sua energia na tarefa de preencher o mais crítico.

Esforço não conta; o que conta são os resultados. Aprendi isso em minha primeira semana no emprego, quando me contaram a história da origem de um dos produtos mais populares do Facebook. Em 2005, o Facebook lançou um recurso para as pessoas colocarem fotos pessoais na plataforma. Na época, havia várias outras opções de compartilhamento de fotos a escolher. Entre elas, o Flickr era o padrão-ouro. Tinha inúmeros recursos – fotos de alta resolução maravilhosamente exibidas (incluindo um modo de apresentação de *slides* em tela cheia), pesquisas de fotos por local ou até por cor, navegação elegante, com visualizações e atalhos de teclado, e muito mais.

Em comparação, o produto inicial do Facebook parecia incrivelmente despojado. Você só podia carregar fotos de baixa resolução, que apareciam pequenas e granuladas. Não havia atalhos de navegação úteis, recursos de pesquisa ou exibições em tela cheia. O Flickr tinha uma equipe muito maior, que trabalhava nesses recursos há anos, enquanto o serviço de fotos do Facebook fora criado por alguns poucos engenheiros em questão de meses. Mas havia um pequeno recurso novo que a equipe incluiu em seu lançamento inicial: a marcação de fotos. A ideia era que você pudesse indicar que determinada foto exibia você e sua amiga Susan, e Susan seria notificada sobre isso. A foto marcada também apareceria no perfil de Susan, para que outros amigos comuns pudessem vê-la.

Esse recurso de marcação de fotos era tão poderoso que, em poucos anos, o Facebook se tornou o serviço de compartilhamento de fotos mais popular do mundo. Por quê? Porque a parte mais valiosa das fotos pessoais são as pessoas que estão nelas. Na maioria das casas, o que você vê pendurado em paredes ou sobre aparadores não são fotos de belas paisagens ou cenas artísticas, mas *rostos* – retratos de família, casamentos e formaturas, lembranças de tardes felizes passadas com entes queridos. A funcionalidade da marcação garantiu que as pessoas exibidas nas fotos, assim como seus amigos, não deixassem de vê-las. Esse recurso simples valia muito mais para as pessoas do que dezenas de outros menos úteis.

Nas palavras do visionário da Apple, Steve Jobs, criador do *iPod*, *iPhone* e *iPad*: "Algumas pessoas acham que foco significa dizer sim ao que você vai focar. Nada disso. Significa dizer não às centenas de outras boas ideias que existem. Você precisa selecionar com cuidado. Na verdade, tenho tanto orgulho das coisas que fiz quanto das que deixei de fazer. Inovar é dizer não a mil coisas".

Defina quem é responsável pelo quê

Imagine este cenário: cinco pessoas discutem maneiras de aumentar a facilidade de se mover por um aplicativo. As ideias brotam rápidas e furiosas, ricocheteando nas paredes e provocando debates.

"Deveríamos permitir o deslizamento entre as seções!", exclama alguém. "Mas as pessoas vão saber usar esse deslizamento?", pergunta outro. "Vamos fazer uma pesquisa para entender isso", vem a resposta. "Boa ideia. Também podemos conversar com Jane, cuja equipe tentou coisa semelhante há um ano, e perguntar o que aprenderam." "Não tenho certeza quanto ao deslizamento... Pode ser bom, mas o que acham de abas flutuantes?", indaga outra pessoa. E assim a conversa prossegue.

Com base nisso, quais serão os próximos passos na questão do deslizamento?

A resposta mais provável é que nada aconteça. Embora se falasse em fazer uma pesquisa e conversar com Jane, nenhum passo foi dado, porque ninguém se ofereceu para a tarefa. E, quando ninguém se encarrega da tarefa, nada segue adiante. Isso não acontece apenas em reuniões; sempre que você envia um *e-mail* para mais de uma pessoa sobre um problema que requer acompanhamento, os destinatários podem ficar confusos sobre quem você espera que faça o quê. Eles podem presumir que a responsabilidade seja de outra pessoa.

Sinto-me um tanto constrangida em admitir quanto tempo levei para perceber a importância de definir responsabilidades. Mesmo quando as pessoas têm as melhores intenções, a imprecisão da definição de papéis pode criar problemas. Certa vez, convoquei dois dos colaboradores mais talentosos de minha equipe e apresentei-lhes um novo problema desafiador. Pedi que trabalhassem juntos para encontrar uma solução. Na minha cabeça, seus pontos fortes se complementariam.

O problema é que eles tinham opiniões muito diferentes sobre o que fazer. Como não defini como queria que trabalhassem juntos ou quem teria autoridade para tomar decisões, eles andavam em círculos, um tentando convencer o outro. O progresso foi diminuindo, até cessar. Com isso, aprendi que, quanto mais deixo claro quem responsabilizo pelo que, menos chances há de ambiguidades e confusão.

Em retrospecto, eis como eu deveria ter esclarecido as expectativas desde o início: "Dan, quero que você assuma a liderança no enquadramento das opções; Sarah, pode se encarregar da definição da linguagem visual?"; ou: "Cada um de vocês deve fazer uma sugestão de *design*. Para as áreas em que tiverem opiniões diferentes, chamarei os dois para uma reunião, e eu tomarei a decisão".

Divida um grande objetivo em partes menores

Você já ouviu falar da lei de Parkinson? Cunhada por Cyril Parkinson, historiador e estudioso britânico do século XX, ela diz: "O trabalho se expande de modo a preencher o tempo disponível para sua realização".

Quando minha equipe editorial e eu começamos a discutir o cronograma deste livro, concordamos que o prazo sensato para um primeiro rascunho seria de um ano. Desliguei o telefone sentindo-me ousada. "Um ano é tempo mais que suficiente. Vou fazer o primeiro esboço em seis meses", garanti a mim mesma.

O que aconteceu? Enviei um primeiro rascunho, bastante incompleto, no prazo de um ano, sentindo-me envergonhada. Nos primeiros nove meses, achei que tivesse muito tempo pela frente. Então, se outra tarefa urgente surgia ou se eu não estava inspirada para escrever, dizia a mim mesma: "Perder um dia não fará muita diferença".

Para o segundo rascunho, eu abri os olhos. Em vez de tratar o livro inteiro como um projeto gigantesco, com prazo muito longo, eu o fragmentei e prometi a meus editores que revisaria um capítulo por semana.

De repente, fiquei muito mais disciplinada. Se quisesse atingir meu objetivo, teria de preparar duas páginas por noite. Tendo em mãos essas tarefas menores, era fácil concluir que perder uma noite de trabalho seria mesmo um problema, pois eu teria de compensá-la para continuar no caminho certo. Cumpri o que prometera – minha eficiência triplicou no segundo rascunho.

Nada que valha a pena acontece da noite para o dia. Todo grande sonho é a culminância de incontáveis pequenos passos à frente. Quando o Facebook foi lançado, a única coisa que você podia fazer era preencher um perfil e o único local em que ele funcionava era a Universidade de Harvard. Semana após semana, Mark e os fundadores se concentraram em expandir o serviço, uma escola depois da outra, um recurso de cada vez.

Pensar apenas na linha de chegada de uma corrida de longa distância pode ser desencorajador, porque ela parece estar a quilômetros de distância. Você pode até se perguntar se algo que faz hoje pode realmente mudar alguma coisa. Mas, caso divida seu plano em partes menores e se concentre no próximo marco – terminar a tarefa em mãos, preparar-se para a próxima reunião, revisar suas páginas –, o sucesso, de repente, dará a impressão de estar inteiramente a seu alcance, e o senso de urgência também se tornará real.

Trate os grandes projetos como uma série de projetos menores. Por exemplo, se for um arquiteto e estiver construindo uma casa, o primeiro passo será realizar o levantamento do terreno para obter informações mais precisas sobre topografia, condição do solo, risco de inundação etc. O segundo, escolher o local do terreno para construir a casa. O terceiro, definir quantos cômodos são necessários etc.

Preocupe-se com o que tem diante de você – não ainda com o que estiver anos ou meses à frente. Em seguida, defina com sua equipe prazos realistas e ambiciosos para cada etapa. Tenha em mente a falácia do planejamento: nossa tendência natural a prever que as coisas levarão menos tempo e dinheiro do que de fato exigem. Faça uma previsão para resolver problemas inesperados.

Com base na data marcada, volte ao ponto de partida e determine quem fará o quê a cada semana. Peça às pessoas que escolham seus objetivos semanais e se comprometam a alcançá-los – isso gera responsabilidade. Supervisões periódicas podem ser, também, um modo excelente de manter o ritmo. Eu conheço uma equipe que usa essa técnica habilmente, às vezes até mesmo fazendo duas reuniões por semana a fim de avaliar o progresso e discutir prioridades urgentes.

Se sua equipe está às voltas com inúmeras tarefas, disponha-as por ordem de importância: quais são "absolutamente necessárias" e quais são do tipo "legais de se ter". Ponha as "absolutamente necessárias" em primeiro lugar, sempre.

Como se vê, existem muitos corolários da lei de Parkinson. Meu favorito é o de Mark Horstman: "Ajuste os contratos de trabalho para se encaixarem no tempo que lhes damos".

Sempre há uma maneira de dividir o que parece uma jornada impossível em uma série de dias, quilômetros e, enfim, passos. Colocando um pé na frente do outro, sem parar, conseguiremos em determinado momento escalar a montanha.

EXECUÇÃO PERFEITA *VERSUS* ESTRATÉGIA PERFEITA

Certa vez, ouvi um colega dizer que preferia sempre a execução perfeita à estratégia perfeita. Qual é a diferença? Bem, se sua estratégia for ruim, você poderá fazer um movimento no tabuleiro de xadrez que lhe abrirá os caminhos para o ataque. Mas, se a execução for ruim, então a planejada "torre em E5" de algum modo se tornará "bispo em D10", porque você está tentando jogar xadrez com os pés, e não com as mãos.

Planos fantásticos não importam se não puder concluí-los exatamente ou com rapidez o bastante para que façam a diferença. Por exemplo, digamos que você tenha uma bola de cristal que lhe revele uma ideia nova, perfeita e revolucionária em sua área. Se o produto demorar e não acompanhar a concorrência, ou se você não conseguir lançá-lo no mercado com suficiente agilidade, você fracassou na empreitada.

Aprendi isso quando tive a chance de observar uma colega, que chamaremos de Rachel, em atividade alguns anos atrás. Naquela época, Rachel e sua equipe dividiam os roteiros em ciclos breves de várias semanas. Na primeira semana, ela convocava uma reunião de *brainstorming* de três horas. Enquanto os presentes comiam pizza, propunham-se as metas e as ideias sobre o projeto iam para o quadro. Cada um votava nos conceitos favoritos, e o grupo os reduzia a alguns poucos, plenamente tangíveis.

"Mas, espere um minuto", interrompi. Estava cética quanto à praticidade de todas aquelas ideias. Para concretizar algumas delas, seriam necessários meses, mais tempo do que nos era dado. Rachel, porém, explicou: "Podemos ou passar as próximas semanas debatendo quais ideias são as melhores ou tentar aprender o mais rapidamente possível colocando-as em *prática*. Nosso objetivo é desenvolver testes simples e conclusivos que nos ajudem a entender em quais devemos apostar e quais devemos cortar da lista. Se uma ideia funcionar, nós a desenvolveremos na próxima etapa".

Depois que ela disse isso, entendi por que o ritmo de várias semanas era tão importante. Assim, não se perdia muito caso uma das ideias fracassasse. E esse foi um processo repetitivo, que maximizou o aprendizado no longo prazo.

Ao longo de sua carreira, você cometerá inúmeros erros. Os mais frustrantes serão aqueles que não lhe ensinarão nada, por não ficar claro se o problema foi com a estratégia ou com a execução.

Toda vez que você vê um bom roteiro resultar em um filme ruim, uma empresa pioneira perder negócios para uma concorrente menos inovadora, ou um professor genial fazer um trabalho medíocre com os alunos, você está diante de uma falha de execução.

Os planos mais brilhantes do mundo não o ajudarão a ter sucesso se não puder lhes dar vida. Executar bem significa escolher uma direção razoável, mover-se com rapidez para aprender o que funciona ou não e fazer ajustes para chegar ao resultado pretendido. A velocidade é sim um fator importante – um corredor rápido pode errar o caminho algumas vezes e ainda assim vencer um competidor que conhece um atalho, mas é lento.

Eis maneiras de descobrir se sua equipe está executando bem as tarefas:

- Projetos ou tarefas são priorizados, dos mais aos menos importantes, com os primeiros da lista recebendo mais tempo e atenção.
- Há um processo eficiente para tomada de decisões, que todos entendem e no qual confiam.
- A equipe se move com rapidez, sobretudo no caso de decisões reversíveis. Como afirma o CEO da Amazon, Jeff Bezos: "A maioria das decisões deve ser tomada com base em cerca de 70% das informações que você tem em mãos. Se esperar por 90%, na maioria dos casos, estará indo devagar".
- Tomada a decisão, todos se empenham (mesmo os que discordam dela) e se movem rapdamente para colocá-la em prática. Sem novas informações, não há lugar para dúvidas, atrasos ou lentidão.
- Quando novas informações importantes aparecem, há um processo conveniente para examinar, em decorrência delas, se e como os planos atuais devem mudar.

- Toda tarefa tem um *quem* e um *quando*. Os responsáveis definem e cumprem de forma confiável os compromissos.

- A equipe é resiliente e procura aprender o tempo todo. Os fracassos a fortalecem porque ela não comete o mesmo erro duas vezes.

Equilibre resultados de curto e longo prazos

Ser ótimo em fazer as coisas acontecerem significa antecipar as realidades pragmáticas do dia, da semana ou do mês seguinte, bem como a direção que se deseja dar ao barco nos próximos um, três ou dez anos.

Já deve ter ficado bem claro que a gestão tem tudo a ver com a arte do equilíbrio. Quando se trata de planejamento e execução, se você pensar apenas nos próximos três meses, poderá tomar decisões míopes, que criarão problemas no futuro. Por outro lado, se pensar sempre no futuro distante, terá dificuldade em controlar o ritmo da execução diária. Eis aqui alguns exemplos comuns do que acontece quando você se inclina demais em uma direção ou em outra.

Contratações

A SITUAÇÃO: Você precisa contratar alguém para um cargo importante na equipe.

O RISCO DE PENSAR MUITO NO CURTO PRAZO: Você diz "sim" à primeira pessoa que parece adequada. Embora ela possa fazer o trabalho agora, não conseguirá progredir no cargo. Em um ano, você se verá mais uma vez com uma lacuna na liderança.

O RISCO DE PENSAR MUITO NO LONGO PRAZO: Sua contratação perfeita é quase impossível de encontrar porque suas exigências são exageradas. Você acaba rejeitando candidato após candidato. Seis meses depois, ainda não encontrou ninguém, e o desempenho da equipe está sendo prejudicado.

Planejamento

A SITUAÇÃO: Você é um CEO de um setor competitivo. Precisa decidir quais iniciativas financiar.

O RISCO DE PENSAR MUITO NO CURTO PRAZO: Você não faz nenhum investimento futuro (como atualizar seu equipamento) porque ele é caro no curto prazo. Mas seus concorrentes fazem e, em dois anos, tornam os processos mais rápidos e baratos do que os seus.

O RISCO DE PENSAR MUITO NO LONGO PRAZO: Você faz vários projetos de três anos com base no entendimento do mercado atual. No entanto, um ano depois, o mercado mudou e seus planos não fazem mais sentido.

Gestão de desempenho

A SITUAÇÃO: Você está preocupado com o responsável pelo Projeto X, que não anda fazendo um bom trabalho.

O RISCO DE PENSAR MUITO NO CURTO PRAZO: Você se contenta com soluções provisórias, como a microgestão do subordinado ou participar pessoalmente de alguns aspectos do projeto, nenhuma das quais sustentável.

O RISCO DE PENSAR MUITO NO LONGO PRAZO: Você investe no treinamento do subordinado para melhorar seu desempenho. No entanto, as mudanças não acontecem rapidamente e o projeto fracassa.

Como mostram esses exemplos, você nem sempre pode adotar uma abordagem geral de curto ou longo prazos. As decisões que toma devem equilibrar as duas coisas. Então, o que pode ser feito para se encontrar o equilíbrio correto?

Defina uma visão de longo prazo e retroceda

Yogi Berra disse certa vez: "Você tem que prestar muita atenção se não souber para onde está indo, porque pode não chegar lá".

A missão do Facebook é dar às pessoas o poder de construir uma comunidade e aproximar o mundo. Por diversos caminhos, longos e curtos, essa afirmação é o norte que orienta a tomada de decisões de todas as equipes.

Em 2016, nossa equipe de *design* assumiu o desafio de ampliar o botão Like [Curtir]. A inspiração implícita no projeto veio diretamente do que ouvimos dos usuários: embora gostassem da possibilidade de rapidamente dar um joinha no *post* de um amigo, muitas pessoas nos disseram que nem tudo o que viam no Facebook era "Likeble" ["joiável"]. Às vezes, um amigo informava que havia tido um dia ruim e o sentimento que elas queriam expressar era de apoio. Outras liam notícias que as deixavam tristes ou zangadas. E outras, ainda, viam algo tão incrível que davam pela falta de uma expressão mais forte do que o Like.

Ao longo de nossa pesquisa, muitas pessoas nos mandaram sugestões sobre o que poderíamos fazer. As mais comuns eram: "Por que não põem um botão Dislike?". Seria uma maneira lógica de expressar que algo não era "Likeble".

Consideramos a ideia e até criamos alguns *designs* diferentes de seu funcionamento. Mas, por fim, decidimos que não seria certo. Aproximar as pessoas significava propiciar experiências capazes de gerar empatia, e não achávamos que o botão Dislike faria isso, pois poderia ser mal interpretado facilmente. Se você compartilha: "Fui assistir ao filme X hoje à noite; ele não correspondeu às expectativas", e eu dou um Dislike em seu *post*, como você vai interpretar minha ação? Eu também não gostei do filme X? Não aprovei que você assistisse ao filme X? Não gostei de você não ter gostado de um filme que achei incrível?

Decidimos pesquisar mais. Quando perguntávamos às pessoas o que queriam dizer com "Quero ter um botão Dislike no Facebook", percebíamos que elas desejavam expressar um punhado de emoções – tristeza, raiva, simpatia ou surpresa. Escolhemos essas emoções, e mais duas bastante populares (amor e riso), e desenvolvemos um sistema de reações leves para adicionar ao simples Like. Isso permitiria às pessoas expressarem rapidamente uma gama mais ampla de sentimentos, enquanto nós nos mantivemos fiéis à nossa missão.

Meu gerente Chris lembra-nos sempre: "Não é uma boa ideia projetar a localização da cozinha quando ainda não se planejou o piso". Em outras palavras, comece pela compreensão do quadro geral. Quais problemas você pretende resolver com o que está fazendo agora? De que modo, a seu ver, as pessoas se beneficiarão de seu trabalho? Com base nisso, quais são, no momento, as prioridades mais importantes para a equipe?

Adote uma abordagem de portfólio

Uma das principais perguntas que os gerentes me fazem é: "Como posso achar tempo para me concentrar no trabalho de longo prazo se há muito que fazer agora para manter as coisas funcionando?".

Nessa pergunta está implícita a suposição de que planejar com antecedência de meses ou anos compromete a execução bem-sucedida no curto prazo.

Não precisa ser assim. Uma de minhas colegas dirige sua equipe com uma estratégia semelhante à dos investidores. Assim como nenhum consultor financeiro recomendaria a um cliente que colocasse todo o seu dinheiro em um único tipo de ativo, você também não deve elaborar projetos tendo em mira um único prazo.

Minha colega garante que um terço de sua equipe trabalhe com projetos que podem ser concluídos em questão de semanas, que outro terço trabalhe com projetos de médio prazo, que podem levar meses, e, por fim, que o último terço trabalhe com ideias inovadoras e em fase inicial, cujo impacto não será conhecido senão em anos.

Ao adotar essa abordagem de portfólio, sua equipe se equilibra fazendo melhorias constantes nos principais recursos enquanto mira o horizonte além. Na última década, ela mostrou que essa estratégia funciona: sua equipe tem um histórico incrível no reconhecimento de novas oportunidades e de levá-las a grandes empresas no prazo médio de três anos.

Explique como tudo se relaciona com uma visão abrangente

Se você faz parte de uma empresa de grande porte, é provável que tenha uma visão abrangente, como "Um frango em cada panela", "Seja a empresa mais centrada no cliente da Terra" (visão da Amazon), ou "Seja a mais bem-sucedida e respeitada empresa de automóveis da América" (visão da Toyota dos Estados Unidos). Para tanto, sua equipe terá um papel específico a desempenhar, seja elaborando um novo plano tributário, criando o melhor serviço ao cliente no setor ou visando minimizar erros de produção quase a zero.

Serão necessários meses ou anos para alcançar as aspirações de sua equipe; cumprir o objetivo maior de sua organização pode levar décadas. E, no entanto, se todos entenderem e comprarem a ideia do que estão tentando fazer, as decisões táticas do dia a dia se tornarão mais fáceis, porque você poderá vê-las através das lentes de: "Qual opção nos aproxima do futuro que desejamos?". Quando as pessoas não entendem o que realmente importa nem por que, surgem os conflitos.

No início da história do Facebook, Mark Zuckerberg recebeu uma oferta de bilhões de dólares para vender a empresa. Em retrospecto, ele descreve esse como seu período mais difícil como gerente. Ele acreditava no potencial do Facebook para mudar o mundo, mas sofria pressões de todos os lados – investidores, funcionários, consultores e muitos mais. "Praticamente o restante do mundo ia querer vender", disse ele ao iniciar o discurso de formatura na Universidade de Harvard, em 2017. "Sem um senso de propósito maior, aquele era o sonho de qualquer empresa iniciante. Dividiu as opiniões. Depois de uma discussão tensa, um consultor me disse que, se eu não concordasse em vender, lamentaria a decisão pelo resto da vida."

Esse foi o ponto de virada. Mark tomou a decisão de manter o curso e investir na construção do futuro do Facebook. Recusou a oferta. Mas aprendeu uma lição: a de que era importante transmitir uma visão clara e incrementar um profundo senso de propósito dentro da equipe.

Ao mesmo tempo, lembre-se de combinar seu objetivo com os *proxies* que usa para medir seu progresso. Por exemplo, se quer fornecer o melhor serviço do setor de atendimento, um dado por dentro do qual você deve ficar é quanto tempo se leva para resolver uma reclamação de cliente. Sem dúvida, um ótimo atendimento ao cliente implica a resolução rápida dos problemas dele. Com base nisso, você pode definir uma meta para a equipe, como: "Nenhuma reclamação de cliente deve levar mais de três dias para ser verificada".

É uma boa meta a ser estabelecida, mas não perca de vista o fato de ser uma aproximação do que realmente importa, que é *oferecer o melhor serviço ao cliente*. Se sua equipe se concentrar demais nesse objetivo específico, você poderá acabar com o pessoal do atendimento fazendo chamadas apressadas, que vão contra o que o cliente deseja. Se a velocidade da solução aumentar, mas a qualidade do serviço diminuir, você estará bem longe de sua visão.

Por isso é tão importante lembrar às pessoas o que realmente importa. Descreva sempre o cenário que gostaria de ver. Tente conectar todas as tarefas, projetos, decisões ou objetivos ao propósito maior da empresa. Se todos entenderem o sonho, a equipe estará alinhada para torná-lo realidade.

UM BOM PROCESSO ESTÁ SEMPRE EM EVOLUÇÃO

Uma das primeiras coisas que aprendi sobre o desenvolvimento de produtos, em particular os digitais, é que não existe algo "acabado". Você põe uma versão 1.0 no mundo. Depois, aprende, corrige e cria uma versão melhor: 2.0 ou 3.0. Passei por inúmeros telefones celulares desde meu primeiro Nokia 3310 azul no colégio. Alterei os *pixels* em inúmeras iterações do News Feed desde sua apresentação em 2006. O que podemos alcançar conhece apenas os limites de nossa imaginação. Se podemos sonhar melhor, podemos realizar melhor.

Isso se aplica não apenas a produtos, mas também a processos. A maneira como progredimos deve ainda ser um trabalho em andamento.

Uma das ferramentas mais úteis para melhorar o processo é a prática de fazer *debrief* (também chamada retrospectiva ou *post-mortem*). Você pode fazer isso na conclusão de um projeto, periodicamente ou sempre que ocorrer um erro ou um evento inesperado. Eis como funciona: você convida a equipe a se reunir por uma hora ou duas a fim de refletirem sobre o que aconteceu. O que correu bem, o que não correu bem, o que a equipe fará diferente na próxima vez.

O processo é catártico e instrutivo. Há algo a se aprender mesmo que o resultado do processo seja positivo (Como usar as mesmas práticas eficazes em outros projetos?). Se o resultado não foi bom, as perguntas ajudam a evitar os mesmos erros no futuro.

O objetivo de um *debrief* não é o julgamento. Não o trate como um juiz – seria uma maneira bem rápida de estragá-lo. Em vez disso, considere-o uma oportunidade de explorar a experiência em ações futuras, criando um ambiente seguro para discussões abertas e honestas. Apresente os fatos da maneira mais objetiva possível. ("Eis a linha do tempo: no dia 20 de outubro, Brian e Janice discutiram pela primeira vez a possibilidade deste projeto. No dia 16 de novembro, eles apresentaram a proposta e receberam sinal verde para criar uma nova equipe...") Use uma linguagem que reconheça a responsabilidade coletiva em vez de apontar o dedo a alguém em particular ("Nosso processo falhou...", em vez de "Leslie cometeu um erro..."), esclarecendo inclusive que não há problema em falar sobre erros e aprender com eles.

Após a retrospectiva, é uma boa ideia anotar o que se aprendeu e compartilhar essa informação amplamente. Uma equipe que cresce apenas com seus sucessos e erros é excelente, mas, quando também pode ajudar outras a melhorar ou a evitar erros semelhantes, é ainda melhor. No final das contas, uma organização resiliente não é aquela que nunca comete erros, mas aquela cujos erros a tornam mais forte ao longo do tempo.

Processos resilientes tendem também a criar boas práticas de execução contínua. A maior parte do trabalho necessário para que algo aconteça no mundo de hoje é surpreendentemente complexa. Imagine o número de etapas necessárias para que um avião decole – a cabine deve ser limpa após o voo anterior, o jato deve ser reabastecido, os passageiros devem fazer *check-in*, a bagagem deve ser recarregada, as verificações de segurança devem ser feitas, e assim por diante. É quase impossível lembrar todos os passos de cabeça, e muito menos tentar improvisá-los.

Ao contrário, qualquer tarefa complexa – colocar um avião no ar, dar à luz um bebê prematuro ou avançar uma jogada no campo de futebol – exige um manual que descreva em detalhes claros quais são os passos corretos, dadas as variáveis atuais.

Como gerente, parte de seu trabalho será o cultivo desses manuais: como realizar uma reunião de equipe, como fechar uma nova contratação, como concluir um projeto dentro do prazo e do orçamento. Se fizer a mesma coisa várias vezes, é bem provável que ela possa ser codificada em um manual de instruções ou lista de verificação que vá tornar a tarefa mais fácil no futuro. Outra vantagem de fazer isso: você pode passar o manual para outras pessoas aprenderem a tarefa e a executarem.

Há alguns anos, passei a enviar *e-mails* para minha equipe resumindo nosso progresso semanal. No começo, achei fácil analisar todos os projetos em minha cabeça e anotar os detalhes importantes.

Isso funcionou bem por mais ou menos um ano, mas, quando o número de projetos dobrou e triplicou, meu processo começou a mostrar falhas. Eu esquecia o que cada um estava fazendo. Nas manhãs de segunda-feira, os membros da equipe me perguntavam: "Por que você não escreveu sobre o meu projeto na atualização semanal? Não achou que era importante?".

Eu estava me tornando o gargalo para acompanhar com precisão as atualizações. Então, tive uma ideia: pedir à equipe que me informasse o que queria destacar para a nota. Tentamos isso e, de imediato, senti o fardo de precisar me lembrar de tudo ser tirado dos ombros. Com minha nova técnica de colaboração coletiva, eu podia me recostar, relaxar e esperar o *e-mail* surgir por si próprio.

Mas... não exatamente. As mensagens vinham, porém, como eram escritas por várias pessoas, variavam bastante em estilo e nível de detalhe. Eu tinha de desempenhar o papel de preparadora, pinçando trechos e reelaborando-os para que parecessem de autoria única. Às vezes, quando aparecia uma informação que não apresentava detalhes suficientes, eu enviava um *e-mail* ao autor e íamos conversando para melhorá-lo. Meu novo processo resolveu alguns problemas importantes, mas criou outros – ou seja, ainda me custava muito tempo elaborar o *e-mail* semanal.

Entrando na fase três: percebi que estava dando constantemente os mesmos *feedbacks*, então criei um documento chamado "Como Inserir uma Informação Importante no Resumo Semanal". Nele, listei os objetivos do resumo, expliquei o que era uma informação importante e dei dicas para uma boa redação. Compartilhei-o com o pessoal de minha equipe e os novos contratados.

A fase três parece estar funcionando por enquanto, mas espero que, à medida que as coisas mudem, até mesmo pequenos processos como esse continuem a evoluir. O próximo capítulo apresenta mais detalhes sobre como gerenciar uma equipe em crescimento.

Este livro, em si, é a contribuição mais recente para meu manual pessoal, o ponto alto de anos de fracassos, sucessos e tentativas na tarefa conhecida como gestão. Escrevo-o para você, mas também para mim mesma – para poder me lembrar dos erros que cometi e das lições que vou guardar para o futuro.

Heráclito, filósofo grego, disse certa vez: "Nenhum homem pode banhar-se duas vezes no mesmo rio, pois na segunda vez o rio já não é o mesmo, nem tampouco o homem!". Todos os desafios são como atravessar um rio assim. Investigue os vaus, as correntes, os turbilhões ocultos. E, depois de esboçar seu plano, dê o primeiro passo para chegar ao outro lado.

No ato de atravessar esse rio, você pode escorregar. Pode cair. Pode ter de recomeçar. Mas, felizmente, você se tornou mais sábio. Reserve um momento para refletir sobre o que aprendeu e como planejar a próxima travessia. Que você possa vencer sem medo as águas turbulentas na próxima vez que surgirem em seu caminho.

Capítulo Nove

Como Liderar Uma Equipe em Crescimento

EVITE

ALMEJE

Quando ainda cabíamos ao redor da mesa da sala de conferências, um novo *designer* que viesse a se juntar a nós era considerado um grande acontecimento. Todo mundo adorava sentar-se e mostrar-lhe como trabalhávamos – onde guardávamos os arquivos de *design*, quais ferramentas seria preciso fazer *download* e de quais reuniões ele precisaria participar. Ficávamos gratos por alguém vir nos ajudar a realizar mais coisas juntos. Melhor ainda, o recém-chegado trazia superpoderes adicionais, fosse uma noção mais profunda do *design*, uma compreensão diferente da motivação humana ou uma capacidade extraordinária de propor ideias praticamente prontas para uso. Nosso grupo de avaliação puxava uma cadeira extra e expandia sua perspectiva. Duas pizzas, no entanto, ainda eram suficientes para alimentar todos.

Alguns meses depois, outra pessoa se juntaria a nós. E outra. E outra. E, a cada vez, o processo se repetia – novas caras e superpoderes eram introduzidos na equipe e nos processos existentes.

Mas, um belo dia, você acorda e percebe que os modelos antigos não funcionam mais.

O ponto de virada para mim foi entrar certa vez na sala e, de repente, perceber que ali não havia assentos suficientes para todos. Por si só, esse fato não era grande coisa – algumas pessoas prestativas saíram e logo trouxeram cadeiras extras. Mas, quando fizemos a lista de quem gostaria de compartilhar informações, ela tinha nada menos que dez pessoas. No passado, teríamos sorte se pudéssemos avaliar cinco ou seis projetos em uma única reunião!

Isso significava que metade dos que tinham se oferecido não teria a chance de dizer nada naquele dia. Como o objetivo da avaliação era ser um fórum confiável para *feedbacks* sobre o *design*, algo teria de mudar.

E não foi apenas aquela reunião. Meus dias estavam ficando cada vez mais corridos devido à necessidade de apoiar o crescimento da equipe. Havia mais problemas inesperados, mais avisos a comunicar, mais decisões a acompanhar. Esse padrão ia se repetindo. Assim que eu descobria um processo melhor, mais pessoas entravam e as engrenagens travavam outra vez. O único modo de preservar a eficiência era mudar e se adaptar constantemente.

Quando comecei na gerência, minha equipe era apenas um punhado de pessoas. Depois, ela dobrou. Em poucos anos, dobrou de novo. A cada uma dessas etapas, eu sentia que tinha um emprego totalmente diferente. Embora os princípios centrais da gestão continuassem os mesmos, o cotidiano mudava de forma significativa.

A visão de como uma equipe trabalha começa a evoluir para uma macrovisão. Definir visões, contratar líderes, delegar responsabilidades e controlar a comunicação se tornam as principais habilidades necessárias para preencher a lacuna. Neste capítulo, veremos as nuances que você vivenciará e como dar o salto decisivo.

GRANDES EQUIPES *VERSUS* PEQUENAS EQUIPES

No Vale do Silício, hipercrescimento é quase um modo de vida. O canto da sereia de um sonho ambicioso pode fazer que as equipes se expandam em um ritmo vertiginoso. As funções são listadas às dezenas; orientações semanais acolhem um mar de novos rostos. É comum sentir que mudança e caos são as únicas constantes; o resto é tudo improviso. Digo aos aspirantes a funcionários que uma das principais razões pelas quais amo meu trabalho são os novos desafios que surgem todos os dias, com oportunidades de aprendizado brotando por toda parte.

As pessoas muitas vezes me perguntam o que há de diferente no meu trabalho agora, em comparação a quando comecei. Olhando para trás, estes são os contrastes mais impressionantes entre a gestão de pequenas e grandes equipes.

Da gestão direta à gestão indireta

Se sua equipe é composta por cinco pessoas, você pode desenvolver um relacionamento pessoal com cada uma delas, sabendo os detalhes de seu trabalho, com o que se preocupam e o que fazem bem, e, talvez, até os *hobbies* que cultivam fora do escritório.

Se sua equipe é de trinta pessoas, você não pode gerenciá--las diretamente, pelo menos não no mesmo nível. Se conversasse toda semana, durante 30 minutos, com cada uma, essa simples atividade exigiria quinze horas – cerca de metade de uma semana de trabalho! Acrescente o tempo para acompanhar as tarefas decorrentes dessas conversas, e você não seria capaz de fazer mais nada. Quando cheguei a oito subordinados, comecei a sentir que não tinha tempo suficiente, no dia, para prestar apoio de modo satisfatório a todos, pois também precisava pensar em contratar, garantir um trabalho de *design* de alta qualidade e contribuir para a estratégia do produto.

É por isso que gerentes de equipes em crescimento acabam contratando ou treinando subgerentes. Mas isso significa ficar distante das pessoas e do trabalho que executam. Você continua responsável pelos resultados da equipe, mas já não tem tanto domínio sobre os detalhes. Decisões serão tomadas sem sua intervenção, e as coisas serão feitas de maneira diferente da que você talvez quisesse se fosse fazer pessoalmente.

No começo, isso pode levar a certa desorientação, como se você estivesse perdendo o controle. Mas capacitar seus líderes é uma necessidade. Um dos maiores desafios da gestão em grande escala é encontrar o equilíbrio certo entre aprofundar-se em um problema ou recuar e, assim, confiar em outros para cuidar dele. Falarei mais sobre esse assunto mais à frente.

As pessoas tratam você de maneira diferente

Há alguns anos, quando minha equipe cresceu além do ponto em que eu conhecia todo mundo pessoalmente, participei de uma avaliação na qual *designers* que se reportavam a mim apresentaram seus mais recentes trabalhos. Dei a eles meus *feedbacks* e pedi uma avaliação de acompanhamento para a semana seguinte. Antes de terminarmos, perguntei se tinham ideias ou perguntas a respeito do que eu havia dito. Todos menearam a cabeça dizendo que não. Saí pensando que a reunião, de modo geral, havia sido boa e produtiva.

Mais tarde, naquele mesmo dia, encontrei um de meus subordinados diretos, que também tinha estado na reunião. Parecia sério. "Conversei com a equipe e os caras não gostaram da avaliação desta manhã", disse-me ele. Achei que estivesse brincando. "Como? Por quê?" "Não concordaram com seus *feedbacks*", respondeu ele. "Mas por que não me disseram isso?", perguntei, incrédula. Meu subordinado fez uma pausa. "Bem, Julie, você é demais, e eles ficaram intimidados."

Era a primeira vez que ouvia alguém se referir a mim como "demais". Foi difícil engolir aquilo. Quando eu havia me tornado o tipo de pessoa que intimida os outros? Sempre havia me orgulhado de ser acessível!

O que aprendi foi que não importava como eu própria me via. Quando as pessoas não nos conhecem bem e sabem que estamos em uma posição de autoridade, é pouco provável que nos digam uma verdade desagradável ou nos desafiem quando pensam que estamos errados – mesmo que esse seja nosso desejo.

Talvez achem que é nossa prerrogativa dar as cartas. Talvez não queiram nos decepcionar ou induzir-nos a pensar mal delas. Ou podem estar tentando facilitar nossa vida deixando de nos sobrecarregar com novos problemas ou gastando nosso tempo.

Esteja ciente dessa dinâmica em sua interação com os outros. Suas sugestões são encaradas como ordens? Suas perguntas soam como julgamentos? Você presume que as coisas são melhores do que realmente são porque não ouve a história toda?

Felizmente, existem algumas contramedidas que você pode adotar para fazer as pessoas lhe dizerem a verdade sem receio. Enfatize que aceita opiniões divergentes e até recompensa quem as expressa. Reconheça seus próprios erros e lembre à equipe que você é humano, assim como todo mundo. Use uma linguagem que convide à discussão: "Posso estar totalmente errado aqui, portanto, me digam se discordam. Minha opinião é...". Pode, também, pedir conselhos de forma direta: "Se você fosse eu, o que faria nesta situação?".

O contexto muda o dia inteiro, todos os dias

Quando eu gerenciava uma equipe pequena, passava muitas tardes com alguns poucos *designers* diante de um quadro branco, explorando novas ideias. Ficávamos tão envolvidos no trabalho que as horas passavam em um piscar de olhos.

À medida que minha equipe crescia, minha capacidade de abordar por muito tempo um único tópico começou a diminuir. Mais pessoas significava que podíamos elaborar mais projetos, de modo que meu tempo se dividia em fragmentos cada vez menores. Chegavam à minha caixa de entrada dez *e-mails*, sobre dez tópicos completamente diferentes. Reuniões consecutivas exigiam que eu abandonasse de imediato a discussão passada e me preparasse mentalmente para a próxima.

Quando eu não fazia isso da maneira adequada, ficava distraída e abatida, com a mente saltando sem parar de um tópico para outro. Perdia o foco durante as apresentações, murmurando que "um dia parece uma semana".

Com o tempo, entendi que *esse* era o trabalho. Como o número de projetos pelos quais eu era responsável dobrava, triplicava e quadruplicava, minha capacidade de alterar o contexto também precisava acompanhar o ritmo. Descobri algumas técnicas para tornar isso mais fácil: consultar minha agenda todas as manhãs a fim de me preparar para cada reunião, desenvolver um robusto sistema de anotações e gestão de tarefas, encontrar um momento para reflexão no final de cada semana. Em alguns dias ainda fico distraída. Mas aceitei o fato de que sempre haverá uma dezena de questões diferentes a serem resolvidas a qualquer momento – algumas grandes, outras pequenas, outras ainda inesperadas –, e, como gerente de uma grande equipe, aprendi a seguir adiante.

Você mesmo escolhe e trava suas batalhas

Quando eu gerenciava uma equipe pequena, em certos dias fechava meu *laptop* e saía do escritório sem deixar nenhuma tarefa importante para trás – minha caixa de entrada estava limpa, minhas tarefas tinham sido realizadas e nada mais precisava de atenção. Depois que minha atividade tornou-se mais abrangente, esses dias passaram a ser cada vez mais raros, até que deixaram de existir por completo.

Afinal, trata-se de um jogo de números. Quanto mais você procurar, é mais provável que ache algo sob sua responsabilidade que não esteja indo tão bem quanto deveria. Podem ser projetos atrasados, falhas de comunicação que precisam ser esclarecidas ou pessoas que não estão tendo a devida atenção. A qualquer momento, consigo enumerar uma dezena de áreas nas quais poderia estar trabalhando para melhorá-las.

Mas, no final das contas, você é apenas um indivíduo com um período limitado. Não pode fazer tudo, então deve priorizar. Quais são os tópicos que mais lhe exigem atenção e onde você vai traçar a linha divisória? Perfeccionismo não é uma opção. Levei muito tempo para me sentir à vontade lidando com um mundo no qual tinha que escolher o que mais importava, sem deixar que o grande número de possibilidades me esmagasse.

As habilidades que importam ficam cada vez mais centradas nas pessoas

Lembro-me de ouvir sobre um CEO que fazia os executivos de sua equipe mudar de função periodicamente, como na dança das cadeiras. Não pude acreditar. Parecia uma daquelas historinhas tolas que pretendem ilustrar a importância da empatia no local de trabalho. Convenhamos: como esperar que um executivo de vendas saiba administrar uma área de engenharia ou que um diretor financeiro seja um bom diretor de marketing?

Hoje em dia, não acho que uma troca de funções seja tão absurda quanto pensava. À medida que as equipes crescem, os gerentes gastam cada vez menos tempo em sua área específica. O que mais importa é tirar o máximo proveito de um grupo de pessoas. Por exemplo, nenhum CEO é especialista ao mesmo tempo em vendas e *design*, engenharia e comunicações, finanças e recursos humanos. No entanto, sua tarefa é construir e liderar uma empresa que faz todas essas coisas.

Nos níveis mais altos de gestão, o trabalho já não se resume ao seu grande talento e experiência. O sucesso se mede mais pelo domínio de certas habilidades cruciais: contratação de excelentes líderes, formação de equipes confiantes, estabelecimento de uma visão clara e comunicação adequada.

SABER DELEGAR: UMA CORDA BAMBA

Para mim, a parte mais gratificante do crescimento de minha equipe foi observar nossas capacidades coletivas se estenderem muito além do que qualquer um de nós poderia ter conseguido sozinho. Mas, por outro lado, a parte mais difícil foi aprender a efetivamente delegar, que eu defino como "a arte de saber quando mergulhar em si mesmo e quando recuar e confiar nos outros". Assim como na travessia de uma corda bamba com os olhos vendados, o equilíbrio é difícil de sustentar.

Em cada extremo, você se torna um clichê de novela: mergulhe demais e chegará à microgestão – vai pedir então aos subordinados que lhe prestem conta de cada decisão tomada. Ficará constantemente consultando as pessoas, solicitando atualizações e se preocupando com as minúcias das tarefas. *John já corrigiu a última apresentação? Quando chega a remessa da China? Não gosto do tom azul nesta embalagem.* Você ganhará a reputação de se postar atrás da mesa das pessoas para dar palpites sobre o que aparece na tela delas.

Mesmo que obtiver resultados, seu estilo será sufocante. Pessoas talentosas partirão porque não vão suportar trabalhar a seu lado. Elas não sentem que você confia nelas ou lhes dá espaço para respirar. E não aprendem nada, porque não têm chance de resolver problemas por conta própria. Corre o boato de que você quer mesmo é um exército de robôs para cumprir suas ordens.

No outro extremo, se recuar demais, vai se tornar um gerente ausente. Alguns dos subordinados vão apreciar a independência, mas a maioria vai desejar mais apoio. Quando as coisas ficarem difíceis, sua equipe se sentirá como no Velho Oeste, um lugar sem leis porque não há xerife na cidade.

Suas mãos estão limpas porque você raramente arregaça as mangas e se entrega ao trabalho. Não é firme nas exigências nem avança proativamente. Com o tempo, perde credibilidade como líder porque... bem, porque não faz quase nada. E seus subordinados não aprendem, porque você não os treina nem os desafia. As pessoas resmungam que talvez você nem esteja ali... e sim *viajando*.

Sem dúvida, no mundo real, é raro irmos a um desses extremos. Mas nossa tendência é pender para um lado ou para o outro, devido aos nossos valores. Por exemplo, quando comecei a gerenciar, ficava no lado escuro do espectro, porque, pessoalmente, nunca gostei de ser microgerenciada. Depois, quando percebi que meus subordinados me queriam por perto, exagerei na correção e ouvi: "Passou dos limites!".

Também é comum pender para um lado ou para o outro de diferentes maneiras, em diferentes aspectos do emprego, dependendo de onde sua equipe esteja. Por exemplo, no espaço de uma semana, um subordinado me disse que eu dava opiniões demais sobre um detalhe específico do *design*, enquanto outro queria que eu me envolvesse mais com a estratégia de outro projeto. Cada um precisava de uma coisa diferente – um estava confiante no que fazia, então meu envolvimento parecia excessivo. O outro não estava, por isso queria mais meu apoio.

Na hora em que a coisa ocorre, você nem sempre sabe se está conseguindo o equilíbrio. Passei por situações em que me afastei de uma área, pensando: "Isto está indo bem, então vou me concentrar em outra coisa". Semanas depois, percebi que não havia organizado bem o trabalho e que deveria ter levado mais em conta alguns detalhes.

Delegar bem está longe de ser uma ciência exata, mas há alguns princípios gerais, que exploraremos a seguir.

DAR ÀS PESSOAS A OPORTUNIDADE DE RESOLVER GRANDES PROBLEMAS É SINAL DE CONFIANÇA

Quando eu era criança, minha avó era o tipo de pessoa que faria de bom grado qualquer coisa para facilitar minha vida. Se eu saísse para brincar em um dia de inverno, ela aparecia correndo com uma blusa na mão me chamando. Quando voltava da escola, havia sempre um belo prato de salgadinhos esperando por mim. Quando eu lutava para realizar tarefas básicas – abrir uma caixa de lápis de cor, descobrir onde a próxima peça de um quebra-cabeça se encaixaria ou pegar um livro na prateleira mais alta –, ela largava o que estava fazendo e dizia: "Deixe comigo".

Por um lado, eu sabia que ela fazia isso motivada por um amor sem limites; ela não queria me ver passar por nenhuma dificuldade. Mas, por outro lado, eu queria que ela não me ajudasse. Hoje, lembramo-nos, rindo, de como eu costumava gritar: "Vá embora! Não me ajude!" quando ela surgia como uma fada madrinha oferecendo comida, roupas e uma mão livre. Eu agradecia seu amor e apoio, mas, como todas as crianças, ansiava por independência. O que eu queria era liberdade para resolver meus problemas do meu modo.

Com essa criação, você esperaria de mim mais lucidez na hora de delegar tarefas. Mas não, eu pensava que os *maus* gerentes é que empurravam problemas difíceis para os subordinados. Imaginava-os preguiçosos, bebericando vinho após uma partida matinal de golfe. Os grandes gerentes, em minha opinião, eram como minha avó – assumiam os maiores encargos da equipe para poupar os subordinados.

Há dois grandes erros nessa linha de pensamento. O primeiro é superestimar aquilo de que você, gerente, é capaz. Sim, pode estar ao seu alcance resolver uma ampla variedade de problemas, mas, como um único indivíduo, você não pode resolver *todos* eles. O melhor trabalho é feito por quem tem tempo de se envolver a fundo com um problema; por quem pode se dedicar de corpo e alma a encontrar a melhor solução.

O segundo erro é presumir que ninguém deseja enfrentar problemas difíceis. Na verdade, os funcionários mais talentosos não esperam tratamento especial ou projetos "fáceis". Desejam ser *desafiados*. Não há maior sinal de confiança do que entregar a seu subordinado um nó intricado que você acredita que ele possa desatar, embora não saiba como.

Obviamente, o segredo é acreditar *de fato* que seu subordinado seja capaz de resolver o problema. Se for esse o caso, confie-o a ele e lhe dê espaço para que trabalhe. Conte a todo mundo que ele agora é o responsável pelo problema. Fazer isso gera responsabilidade, mas, mais importante, a declaração pública capacita o encarregado da tarefa. Por exemplo, imagine um CEO pedindo que uma funcionária, Elaine, seja responsável por gerenciar as finanças da empresa. Para ser eficiente, Elaine precisa que todos respeitem o orçamento que ela estabelece e forneçam as informações financeiras de que necessita. Elaine se sairá melhor se o CEO disser a toda a empresa: "Elaine é nossa diretora financeira", ou se lhe pedir que faça aquilo sem ninguém mais saber?

Delegar um problema difícil não significa apenas se afastar. Assim como você não jogaria um nadador iniciante no fundo da piscina enquanto vai comer um lanche, você não pode deixar seu subordinado se virar sozinho. Ele é o capitão, mas você está a lado dele no barco. Está torcendo por ele, ajudando-o no que for necessário e dando-lhe instruções para que possa navegar tranquilamente e em segurança até seu destino.

DUAS CABEÇAS, UMA ÚNICA VISÃO

Quando eu estava começando, supunha que um gerente só poderia ser eficiente se soubesse tudo o que se passava. De que outra forma ele poderia tomar boas decisões ou fornecer *feedbacks* relevantes? Em conversas 1:1, eu solicitava atualizações aos meus subordinados. Examinávamos o trabalho de *design* mais recente, as novas opiniões sobre um produto, os prazos e as expectativas para a próxima semana.

Nós nunca tínhamos tempo suficiente para abordar tudo. Acontece que fazer esse tipo de transferência de conhecimento durante uma conversa 1:1 é uma prática inadequada de gestão, por vários motivos. As conversas 1:1 não são feitas para beneficiar o gerente, e sim a outra pessoa. Além disso, não é realista esperar que você saiba todos os detalhes do dia a dia do subordinado, em particular à medida que a equipe cresce e seus funcionários são gerentes às voltas com as próprias e enormes listas de responsabilidades.

Sua *expectativa* deve ser perceber o que é mais importante. Para o historiador Yuval Noah Harari, em seu *best-seller* chamado *Sapiens*, a principal característica que tornou a espécie humana a mais bem-sucedida do planeta foi o fato de sermos capazes de compartilhar uma visão, o que ajuda até mesmo pessoas completamente estranhas a trabalharem juntas. "Nós controlamos o mundo porque somos os únicos animais capazes de cooperar de modo flexível, em grande número", diz Harari.

Para criar uma visão compartilhada do que é importante, faça a si mesmo duas perguntas. Primeira: *Quais são as maiores prioridades, no momento, para a equipe?* Em seguida, converse sobre elas com os subordinados e discuta a melhor maneira de colocá-las em prática. Por exemplo, se a empresa estiver em plena execução de uma nova estratégia, explique por que isso está acontecendo e como suas equipes serão afetadas. Do mesmo modo, se um lançamento iminente estiver tirando seu sono, discuta com a equipe o que cada um pode fazer para garantir que as coisas corram tranquilamente.

Depois que essas principais prioridades forem abordadas, faça-se a segunda pergunta: *Estamos de acordo quanto à maneira de pensar sobre pessoas, propósitos e processos?*

Indo mais fundo na questão, seu subordinado sabe o que é importante para você quando se trata de montar uma equipe? Ele entende o que você espera dele como *coach* dos próprios subordinados? Você distingue com clareza quais membros de sua equipe se saem bem e quais não estão correspondendo às expectativas?

Certa vez, eu e alguns colegas organizamos a atualização de um projeto para o meu gerente Chris em uma reunião de avaliação. As notícias eram sombrias – alguns lançamentos recentes de produto não tinham sido tão bons quanto esperávamos e a equipe se sentia esgotada. Entramos na sala preparados para uma conversa séria sobre a situação. Em vez disso, Chris disse:

"Bem, muita coisa está acontecendo, mas o que mais me interessa é a equipe. Temos mesmo as pessoas certas enfrentando os problemas certos?".

Sua pergunta derrubou as barreiras e nos lembrou do que mais importava. As pessoas é que concretizam projetos – uma equipe forte é um pré-requisito para um ótimo trabalho.

Mas, além das pessoas, você e seu subordinado devem saber bem por que estão fazendo o que fazem e que resultado esperam disso. Antoine de Saint-Exupéry teria dito: "Se você quer construir um navio, não chame as pessoas para juntar madeira nem lhes atribua tarefas e trabalhos, mas ensine-os a desejar a infinita imensidão do oceano".

As tarefas, as reuniões e os *e-mails* da semana serão pequenos pontos perdidos nas areias do tempo. Qual é o propósito maior por trás deles? Por que você se levanta da cama todos os dias e vai trabalhar? O que será diferente no mundo se a equipe que você gerencia atingir seus objetivos? Insistir com a equipe sobre o propósito a ser alcançado faz que estes permaneçam mais vívidos na mente de todos. Quando a visão é clara, as ações certas vêm em seguida.

Por fim, os subordinados estão prescrevendo processos saudáveis para suas equipes? Quer se trate de conselhos sobre apresentação de novas ideias, práticas recomendadas para comunicar atualizações importantes, discussões sobre o que fazer e o que não fazer, meus subordinados me dizem que, quando falamos sobre como fazer as coisas da melhor maneira, isso lhes parece um uso valioso do tempo.

O QUE FAZER QUANDO UM GERENTE NÃO CORRESPONDE ÀS EXPECTATIVAS

O que você faz se um dos gerentes da equipe não está conseguindo à altura das expectativas do seu papel? Talvez pense: "Minha obrigação é apoiá-lo e ajudá-lo a se sair melhor". E você não está errado. Afinal, já falamos sobre a importância de capacitar seus líderes para enfrentar problemas difíceis. Se o parâmetro é a perfeição, ninguém se arrisca. Em parte, delegar de modo adequado é reconhecer que os subordinados cometem erros e duvidam de si mesmos, assim como você, e, muitas vezes a melhor coisa a fazer é tão somente acreditar neles.

No entanto, a resposta completa é mais sutil. A função do gerente é se tornar um multiplicador positivo para a equipe. Quando isso não acontece, os custos são altos: os projetos demoram mais porque ele se imiscui na hora errada, os resultados são ruins porque ele toma péssimas decisões, ou as reclamações se acumulam porque o pessoal não recebe aquilo de que precisa.

Mesmo quando não piora ativamente as coisas, o gerente ainda pode estar paralisando a equipe. Talvez consiga apagar incêndios, mas não ajuda a equipe a se tornar à prova de fogo. Ou pode preencher cargos, mas não atrair os melhores talentos. Ou, ainda, exigir mais tempo de treinamento para ser eficiente do que você dispõe.

Nas organizações em rápida expansão, é comum que novas equipes se formem quase da noite para o dia a fim de enfrentar novos desafios. No início, essas equipes são pequenas e desconexas; portanto, espera-se que qualquer gerente contratado supervisione um punhado de pessoas e alguns projetos especulativos.

Agora, avance dois ou três anos. Devido a uma mescla de engenhosidade, trabalho árduo e sorte, alguns desses projetos especulativos se tornaram extremamente bem-sucedidos. As equipes responsáveis por eles cresceram com rapidez para acompanhar o ritmo. O gerente original, perfeito para uma equipe em estágio inicial, agora enfrenta o desafio de liderar um grupo muito maior. O veleiro, que antes navegava com suavidade, parece sacolejar de um lado para o outro, lutando contra uma tempestade selvagem.

Nessas situações, eu me encontrava em uma encruzilhada. Sem dúvida, confiava em meu gerente. Ele talvez precisasse melhorar certas habilidades, mas eu sabia que cedo ou tarde chegaria lá. Eu mesma enfrentei essas águas turbulentas. A mentalidade de crescimento me ensinou que qualquer pessoa pode melhorar em qualquer coisa se houver vontade, trabalho árduo e tempo. A questão era: Quanto tempo isso levaria? E como afetaria a equipe?

Certa vez, examinando essas questões com um subordinado que chamarei de Raphael, citei as palavras de Andy Grove: "O subordinado fez um trabalho ruim. A reação de meu colega: 'Ele tem que cometer os próprios erros. É assim que ele aprende!' O problema é que o aprendizado dele é pago pelos clientes. E isso está absolutamente errado".

Andy me lembrou de que o objetivo final da gestão é *obter melhores resultados*. Quando alguém não se encaixa com perfeição em seu papel, há um custo. Você prefere pagá-lo tomando uma decisão firme ou passando o problema para outros membros da equipe e os clientes?

Um amigo deu-me de presente outra pergunta esclarecedora: "Suponhamos que o cargo esteja em aberto. Você recontrataria seu líder atual ou apostaria em outra pessoa?".

Essa pergunta me ajudou a focar no que de fato importava. Lá estava eu preocupada com dezenas de detalhes – como Raphael se sentia, se estava lhe dando *feedbacks* suficientes, que problemas todos enfrentariam –, quando a pergunta mais importante era: *O que tornará a equipe mais bem-sucedida ao longo do tempo?*

Na semana seguinte, sentei-me com Raphael e disse-lhe que, em minha opinião, ele deveria deixar seu cargo atual. A conversa não foi fácil, mas agora, em retrospecto, sei que tomei a decisão certa. O novo gerente que entrou depois tinha uma vasta experiência em gestão de equipes maiores. Como um capitão experiente que navegou por todos os mares, ele tomou o leme e conduziu o navio para fora da tempestade. Após alguns meses de transição, a equipe progrediu e o trabalho melhorou.

Mudar é difícil, mas confie em seus instintos. Você contrataria essa pessoa de novo se o cargo estivesse vago? Se a resposta for não, mude o rumo.

PLANEJE SAIR DA FUNÇÃO ATUAL

Os melhores gerentes que conheço concordam em uma coisa: o crescimento das grandes equipes significa estar constantemente procurando maneiras de se substituir no trabalho que realiza no momento.

Por exemplo, se é responsável pela solução do Problema X e pode encontrar ou treinar alguém para fazê-lo tão bem quanto você (ou, de preferência, *melhor* que você), sua equipe como um todo se tornou mais capaz e você pode fazer outra coisa. Um amigo meu afirma isso como uma regra básica: "Tente dobrar sua capacidade de liderança a cada ano".

Isso soa ótimo em teoria, porém, é mais difícil de conseguir na prática, porque temos a tendência de nos apegar ao que fazemos. Podemos amar a tarefa em si ou o senso de competência e controle que ela nos garante.

Às segundas-feiras, eu costumava realizar uma reunião de *design* com toda a empresa. Havia tido a ideia quando a equipe ainda era pequena, por isso podia estabelecer a agenda e desempenhava também o papel de mestre de cerimônia. Sentia-me orgulhosa desse ritual semanal, quando todos os *designers* se reuniam para ouvir as últimas atualizações, ver exemplos de trabalhos inspiradores e dar as boas-vindas aos mais novos membros da equipe. E, para ser sincera, eu gostava de estar no comando e contemplar os frutos de meu trabalho.

Mas o objetivo do gerente não é satisfazer o próprio ego: é melhorar os resultados da equipe. Nos primeiros dias, eu via a necessidade de compartilharmos lições e construirmos uma comunidade, por isso criei aquelas reuniões. Achei que ninguém mais pudesse estar à frente delas além de mim. Anos depois, a situação havia mudado. Tínhamos vários novos líderes que poderiam administrar a reunião.

Acabei delegando-a por acidente. Durante minha licença-maternidade, pedi a alguns colegas de equipe que me substituíssem enquanto estivesse fora. Quando voltei, a reunião ia melhor do que eu a havia deixado. Os responsáveis vinham mais preparados, o conteúdo era mais bem organizado e até as apresentações pareciam mais divertidas.

Foi quando percebi meu erro. Eu deveria ter parado com aquela reunião há muito tempo. Sentia-me presa a ela porque o processo havia se tornado habitual e até parte de minha identidade. No entanto, em minha ausência, os organizadores lhe deram vida nova. Estavam empolgados com o desafio, e pude me concentrar em outras prioridades. Todo mundo saiu ganhando.

A regra geral para a delegação é a seguinte: gaste seu tempo e energia na intersecção de 1) o que é mais importante para a empresa e 2) o que só você é capaz de fazer, e melhor que qualquer outra pessoa.

A partir desse ponto, delegue qualquer coisa que seu subordinado possa fazer tão bem ou até melhor que você.

Há alguns anos, alguns de meus subordinados sugeriram que fizéssemos algo mais para fortalecer os relacionamentos dentro da equipe. Eles viam pessoas correndo de reunião em reunião e de casa para o trabalho sem realmente se conhecerem. Poderíamos fazer mais para construir uma comunidade? Que tal eventos como almoços em grupo, palestras educativas ou círculos de mentoria? Adorei todas as sugestões. Mas, pessoalmente, não era meu ponto forte. (Depois que ficamos noivos, meu noivo descobriu que planejar eventos sociais como um casamento estava entre minhas atividades menos favoritas.)

Felizmente, outras pessoas na equipe eram o exato oposto, entre elas, o gerente que dera o pontapé inicial à discussão. Ele adorava conhecer pessoas novas e reunir grupos, então pedi que se encarregasse de escolher o que deveríamos fazer. Uma de suas ideias, um encontro mensal em uma quarta-feira à noite, tornou-se tão popular que se expandiu para além da equipe, tornando-se um encontro regular para a comunidade de *design* local.

Quanto ao que você faz melhor que seus subordinados (caso não se enquadre na lista de "prioridades mais importantes" ou você não acredite que eles obterão sucesso), ainda assim deve delegar o máximo possível e treiná-los ao longo do processo. Por exemplo, como estou na área da gestão há muito tempo, fico mais à vontade para manter conversas difíceis do que alguns líderes mais novos de minha equipe. Isso significa que, quando alguém precisa ouvir uma notícia ruim, sou sempre eu que devo transmiti-la? Com certeza, não. É melhor que, com o tempo, todos possam melhorar coletivamente a capacidade de dar *feedbacks*, sejam eles positivos ou negativos.

Esse é um exemplo clássico de compromisso entre curto e longo prazos. Se seu subordinado lhe apresenta um problema que você pode resolver facilmente, é difícil resistir à frase: "Eu mesmo cuidarei disso". Mas, como diz o provérbio, dê a alguém um peixe e você o alimentará por um dia. Ensine-o a pescar e você o alimentará pela vida inteira.

Quanto ao que não deve delegar, considere o valor exclusivo que você pode acrescentar quando se trata das principais prioridades da empresa. Por exemplo, sou uma boa escritora; portanto, ao longo dos anos, usei essa habilidade para ajudar a equipe a documentar e compartilhar valores – desde redigir diretrizes para a carreira e manuais de entrevistas até notas internas sobre as lições que aprendemos ao desenvolver produtos. Um dos meus colegas é um operador incrível; então ele se encarrega de executar os processos mais complexos de nossa equipe de *design*, como o recrutamento. Meu gerente Chris é um dos oradores mais inspirados que já conheci; por isso, ele é a primeira pessoa a receber os novos funcionários e explicar-lhes os valores e a missão do Facebook.

Além dos superpoderes individuais que você possui, existem outros padrões que se encontram na intersecção de "importante para a organização" e "só você pode agregar esse valor singular".

Identificando e comunicando o que importa. Sua função tem um escopo mais amplo, o que significa que você pode enxergar uma variedade maior de trabalhos e identificar padrões que seus subordinados talvez não notem.

Há alguns anos, observei que alguns dos nossos lançamentos recentes tinham elementos de *design* que procuravam fazer a mesma coisa, mas pareciam e se comportavam de formas diferentes. Por exemplo, um botão era azul-escuro e retangular em uma parte do produto, mas azul-claro e oval em outra. Um botão "Voltar" ficava na parte superior da página em alguns casos, mas na parte inferior em outros. Isso tornava o produto mais difícil de usar, porque não havia padrões previsíveis nos quais as pessoas pudessem confiar. Vendo isso, reuni a equipe a fim de estabelecer um conjunto comum de padrões de *design* para que todos trabalhássemos nos mesmos componentes. À medida que crescíamos, esse conjunto se tornou uma ferramenta cada vez mais importante para nos ajudar a avançar com rapidez e coesão.

Contratando os melhores talentos. Como os possíveis candidatos costumam gostar de conversar com os líderes seniores, você tem uma vantagem quando se trata de descobrir e contratar talentos. Participo de eventos do setor e falo em conferências para atrair pessoas para a equipe. Digo aos meus subordinados que, se eles têm um candidato com o qual estão entusiasmados, ficarei feliz em enviar-lhe uma nota ou dar-lhe um telefonema. Meu gerente faz o mesmo para mim. Não importa se você é o CEO ou um gerente da vanguarda, formar uma ótima equipe é uma das coisas mais importantes que você pode fazer.

Resolvendo conflitos dentro de meu grupo. Imagine dois projetos separados, dirigidos por dois de seus subordinados, ambos com pessoal insuficiente. Um novo funcionário deseja se unir à equipe. Em qual projeto ele deveria trabalhar?

Você não pode deixar isso a critério dos subordinados, que o procurarão para solicitar o funcionário, pois nenhum deles tem a perspectiva completa do que é mais importante. Vão perder tempo, um tentando convencer o outro de que seu projeto realmente precisa mais do novo funcionário. A decisão tem de ser tomada por você. Certifique-se de que seus líderes não tardem a procurá-lo sempre que dois objetivos entrem em conflito ou as prioridades não sejam claras.

Certa vez, enquanto eu falava sobre a necessidade de sempre procurar uma nova função, um subordinado me perguntou: "Tudo bem, mas se você *delegou* tudo a outras pessoas, isso não significa que se afastou? Por que teria ainda algum valor?"

Foi uma excelente pergunta, que eu também já havia feito. Respondi: "Se você delegasse tudo o que fez hoje a outra pessoa, acha que não haveria mais problemas a resolver?".

Hoje, meu cargo parece muito diferente do que quando comecei. Toda vez que renunciei a uma parte dele, descobri que havia sempre mais a assumir. Enquanto você continua motivado em seu propósito; enquanto suas aspirações ultrapassam o que sua equipe é capaz de fazer hoje em dia; e enquanto novos desafios surgem no horizonte, há uma oportunidade de ser útil. Muitas vezes, isso significa fazer coisas novas, nas quais você ainda não é muito bom. Em comparação com o conhecimento que tinha das responsabilidades que delegou, a nova situação pode parecer pouco confortável.

No entanto, à medida que sua equipe cresce em tamanho e capacidade, você, como gerente, também deve crescer para acompanhar o ritmo. O ato de constantemente tentar se substituir significa criar espaços para aperfeiçoar seus líderes e a si mesmo. Ali na frente, há outra montanha maior e mais assustadora do que a anterior. Todo mundo continua subindo, e todos conseguem mais resultados quando estão juntos.

Capítulo Dez

Como Criar Certa Cultura no Ambiente de Trabalho

EVITE

ALMEJE

Sempre que pergunto a possíveis candidatos se eles têm alguma dúvida, inevitavelmente começamos a falar sobre o ambiente de trabalho: "Fale-me sobre algo único em sua equipe", "Quais são as melhores e as piores partes do emprego?", "Como são tomadas as decisões?", "Se pudesse mudar alguma coisa no funcionamento da empresa, o que seria?".

Um gerente que admiro certa vez me disse que a cultura de uma empresa é mais bem entendida não pela leitura do que está escrito no *website* corporativo, mas pelo que ela está disposta a abandonar devido a seus valores. Por exemplo, muitas equipes dizem que o fato de os funcionários estarem sobrecarregados as preocupa. Ninguém vai admitir que: "Na verdade, gostamos de fugir da responsabilidade e pôr a culpa nos outros".

Mas trabalhar com responsabilidade total é um perde e ganha. Você está disposto a tolerar o caos provocado por aqueles que acham estar fazendo o melhor? Consegue tolerar que outra pessoa conteste suas decisões? Concorda em aceitar a responsabilidade pelos erros que não cometeu diretamente? No Facebook, temos um ditado imortalizado em pôsteres por todo o *campus*: *Nada no Facebook é problema dos outros*.

Em um verão, um novo estagiário prejudicou o serviço do Facebook ao introduzir, por acidente, um erro grave na base de código. Enquanto todos trabalhavam loucamente para corrigir o erro, percebi que ele estava pálido. Tenho certeza de que pensou que seria demitido.

Não foi. Ao contrário, seu gerente lhe pediu desculpas por não tê-lo instruído melhor. Outros engenheiros se responsabilizaram por não ter detectado o erro de antemão. Depois de tudo resolvido, a equipe inteira participou de uma revisão a fim de entender o porquê da falha e quais alterações poderiam ser feitas para evitar problemas semelhantes no futuro.

Cultura são as normas e os valores que determinam o modo de fazer as coisas. Um gerente que eu estava orientando certa vez compartilhou comigo uma descoberta sua após três anos no trabalho: "No começo, pensei que gerenciar era apoiar as pessoas que se reportavam a mim", disse ele. "Eu me concentrava em criar os melhores relacionamentos individuais que podia. Mas, agora, percebo que não é suficiente. Porque não se trata apenas do *meu* relacionamento com os membros da equipe, mas também do relacionamento deles uns com os outros e com o grupo como um todo."

Ao gerenciar mais e mais pessoas, você desempenhará um papel maior na formação da cultura. Não subestime a influência que possa exercer. Mesmo que não seja o CEO, suas ações reforçam o que a empresa valoriza. As próximas seções mostram como estabelecer certo tipo de cultura no ambiente de trabalho, da qual você vai se orgulhar.

RECONHEÇA O TIPO DE EQUIPE DA QUAL DESEJA FAZER PARTE

A cultura da equipe é a personalidade dela. Ela existe, quer pense nisso ou não. Se não estiver satisfeito com a forma como sua equipe trabalha em conjunto – talvez a atmosfera pareça hostil e não solidária; talvez as coisas demorem a ser feitas; ou talvez o clima seja de drama constante –, vale a pena examinar por que isso acontece e o que se pode fazer a respeito.

Lembra-se dos exercícios do capítulo cinco, quando registramos seus pontos fortes, as áreas de crescimento e suas aspirações? É hora de fazer o mesmo com a equipe. O segredo é encontrar a intersecção entre o que ela faz bem e o que você espera que ela valorize. Quando você dispuser de mais ou menos uma hora, pegue uma caneta e anote suas respostas às seguintes perguntas:

Entenda sua equipe atual

- Quais são os três primeiros adjetivos que lhe vêm à mente quando descreve a personalidade de sua equipe?
- Em que momentos você se sente mais orgulhoso em fazer parte da equipe? Por quê?
- O que sua equipe faz melhor que a maioria das outras que há por aí?

- Se você escolhesse ao acaso cinco membros de sua equipe e perguntasse a cada um: "O que sua equipe valoriza?", o que ouviria?
- Até que ponto a cultura da equipe é semelhante à da empresa como um todo?
- Imagine um jornalista examinando sua equipe. O que ele diria que a equipe faz de bom ou ruim?
- Quando as pessoas reclamam sobre o funcionamento do trabalho, quais são as três principais coisas que elas mencionam?

Entenda suas aspirações

- Cite os cinco principais adjetivos que você gostaria que um observador externo usasse para descrever a cultura de sua equipe. Por que estes em particular?
- Agora, imagine esses cinco adjetivos repousando sobre uma lâmina de dois gumes. Quais são, a seu ver, as armadilhas que rondam a intransigente adesão a essas qualidades? Você as considera aceitáveis?
- Faça uma lista dos aspectos que você admira na cultura de outras equipes ou empresas. Por qual motivo você os admira? Que desvantagens eles trazem, em consequência?
- Faça uma lista dos aspectos que você não gostaria de imitar da cultura de outras equipes ou empresas. Por que não?

Entenda a diferença

- Em uma escala de 1 a 9, com 9 sendo "nós estamos 100% aí" e 1 sendo "isto é o oposto de nossa equipe", quão perto está sua equipe atual daquilo que você aspira?
- O que sua equipe exibe como força e, ao mesmo tempo, qualidades que você valoriza muito?
- Quais são as maiores lacunas entre a cultura atual de sua equipe e aquilo a que você aspira?
- Que obstáculos poderiam se interpor no caminho de suas aspirações? Como você os enfrentaria?
- Imagine como você deseja que sua equipe trabalhe daqui a um ano. Como descreveria a um subordinado o que você espera que seja diferente de agora?

Dependendo do que esteja sob seu controle, algumas de suas aspirações podem ser tangíveis, outras irrealistas. Por exemplo, se você deseja que sua equipe trabalhe com foco absoluto e sem distrações, pode preferir que ela permaneça em uma área isolada, sem interagir com outros grupos. Mas, se a empresa como um todo valoriza a abertura e a colaboração, será difícil implementar essa preferência.

Dito isso, subculturas podem nascer e florescer em uma empresa de grande porte. Por exemplo, a equipe de *Growth* do Facebook valoriza o fornecimento rigoroso de dados. Nossa equipe de engenharia de infraestrutura é conhecida por seu foco de longo prazo. E, no *design*, insistimos em encontrar soluções holísticas para os problemas.

Depois de identificar os valores que você deseja cultivar em sua equipe, o próximo passo é desenvolver uma estratégia para incrementá-los.

NUNCA DEIXE DE INSISTIR NO QUE É IMPORTANTE

Quando comecei a trabalhar com gestão, achava errado me repetir. Pensava que minha equipe me acharia irritante e, talvez, até paternalista caso dissesse a mesma coisa várias vezes.

Sheryl Sandberg foi quem me ensinou o contrário. Há alguns anos, ela começou a falar na empresa sobre a importância de conversas difíceis. Sempre que sentirmos tensão com algum colega de trabalho – ele tem um hábito que nos irrita, discordou de uma decisão importante ou fez algo que parece impensado –, devemos nos sentar com ele e discutir o problema com franqueza. Porque, se não fizermos isso, nada vai melhorar, e o ressentimento só aumentará.

Não me lembro exatamente de quando Sheryl começou a falar sobre conversas difíceis, e esse é exatamente o ponto. Pode ter sido durante uma de nossas reuniões com a empresa toda, uma sessão de perguntas e respostas ou um jantar em sua casa. Ela pedia às pessoas que levantassem a mão se tivessem tido uma conversa difícil no mês anterior. Em seguida, contava a história sobre uma de suas recentes conversas difíceis.

"Conversas difíceis" tornou-se parte do vernáculo no Facebook porque Sheryl realmente acreditava que elas fossem fundamentais para uma cultura saudável dentro da empresa. Até hoje, sempre que sinto um nó no estômago – um mal-entendido que já se prolonga por muito tempo, uma preocupação com estratégia, uma sensação de que um colega de trabalho está chateado comigo –, penso em Sheryl. Então, endireito os ombros e convido essa pessoa para uma conversa franca.

Se você valorizar algo profundamente, não evite falar sobre o assunto. Ao contrário, diga às pessoas por que o acha importante. Presuma que, para uma mensagem calar fundo, ela deve ser ouvida dez vezes em diversas ocasiões e dita de dez maneiras deferentes. Quanto mais pessoas você convencer a disseminar a mensagem, mais ela terá impacto.

Hoje em dia, penso muito na maneira de comunicar aquilo que me interessa. Tento diferentes abordagens – conversas 1:1 sobre o que está em minha mente, *e-mails* para os gerentes a respeito de minhas reflexões para a semana, e sessões de perguntas e respostas focadas no modo como trabalhamos.

Descobri que, quanto mais frequente e apaixonadamente discorro sobre o que é importante para mim, incluindo meus erros e o que aprendi com eles, mais positivamente minha equipe responde. Recebo comentários como: "Também me interesso por isso. Como posso ajudar?"; ou outras pessoas reforçam as mesmas mensagens, em um apoio mútuo para mudarem seu comportamento. E, mesmo quando alguém discorda de mim, o ato de discutir com franqueza deixa o assunto bem claro para todos.

Quando enfatizo o que me interessa, ninguém, nem uma única vez, jamais me disse que isso é desagradável ou significa ser condescendente. Os *feedbacks* têm efeito contrário: falar sobre nossos valores faz de nós líderes mais autênticos e inspiradores.

DÊ SEMPRE O EXEMPLO

As pessoas observam seus patrões de perto para entenderem os valores e normas da equipe. Nossos radares são ajustados para detectar situações em que alguém em posição de autoridade diz uma coisa e faz outra. Esse é um dos caminhos mais rápidos para perder a credibilidade. Considere os seguintes exemplos:

- Um gerente pede à equipe que gaste o dinheiro da empresa com prudência, mas depois ostenta uma mesa sofisticada e um sofá novos em seu escritório.
- Um gerente franze o cenho quando um subordinado chega após o início de uma reunião, mas ele mesmo sempre se atrasa cinco minutos para tudo.
- Um gerente diz que quer pontos de vista diferentes da equipe, mas só promove quem pensa como ele.
- Um gerente diz que um dos principais objetivos é criar um ambiente de trabalho favorável, mas costuma perder a paciência e repreender os subordinados.
- Um CEO diz que o objetivo da empresa é levar adiante uma missão social, mas suas decisões parecem favorecer apenas lucros no curto prazo.

Se você não está disposto a mudar sua conduta por determinado valor, então nem o mencione.

Aprendi essa lição do jeito mais difícil. Certa vez, uma subordinada me perguntou em conversa 1:1 o que, em minha opinião, era o melhor caminho para ela acelerar seu aprendizado. Ela tinha os olhos brilhantes e era tremendamente determinada, o tipo de pessoa que nunca encontra um obstáculo capaz de detê-la. Encantada com a pergunta, respondi: "Peça *feedbacks*". Depois, passei o restante de nossa conversa descrevendo como eu achava importante receber *feebacks* desse tipo, acrescentando algumas sugestões de como ela poderia procurá-las proativamente. Talvez ela pudesse mostrar seus projetos para colegas confiáveis fora das sessões de avaliação ou pedir a opinião deles sobre seu desempenho nessas sessões. Minha subordinada assentiu com um gesto de cabeça.

Por ela ser tão motivada, esperava vê-la experimentar essas táticas de imediato, pedindo a outras pessoas, e inclusive a mim, tais *feedbacks*. Mas não percebi mudança alguma.

Semanas depois, todos passamos por uma avaliação de 360 graus. Aquela subordinada compartilhou seus *feedbacks* diretamente comigo. Deu algumas boas sugestões acerca de comunicação e priorização. E, no final, disparou: "Você raramente pede *feedbacks* a mim ou a outros membros da equipe; adoraria vê-la fazer isso mais vezes".

Aquilo me abriu os olhos. Percebi que, embora falasse muito na importância de pedir *feedbacks*, eu própria não os pedia. E ela havia notado! Repreendida, resolvi praticar até que aquilo se tornasse algo comum.

Se você diz que algo é importante para você e quer que sua equipe pense o mesmo, você tem de ser a primeira pessoa a cultivar aquele valor. Caso contrário, não se surpreenda se ninguém estiver considerando tal valor importante.

CRIE OS INCENTIVOS CERTOS

Digamos que você faça o que fala. Isso significa que todas as suas aspirações sobre a cultura no ambiente de trabalho se tornarão realidade, certo? Não é bem assim. A parte final é garantir que o ambiente recompense as pessoas que agem de acordo com os valores da equipe, e as responsabilize quando não o fizerem.

Caso os incentivos não corresponderem às exigências – por exemplo, caso se preocupe muito em agir com transparência, mas sua equipe acha melhor esconder de você informações importantes –, você precisará se aprofundar mais para entender o significado dessa mensagem. Que ações ou resultados sua equipe comemora, e qual é o limite dela?

Às vezes, até as melhores intenções podem levar a maus incentivos. Há alguns anos, percebi que durante a avaliação de *design*, quase todos na sala mostravam apenas um esboço de *design* para determinado problema. Isso não era o ideal porque as melhores soluções costumam vir de muitas ideias diferentes. Se você diz "bom o suficiente" para a primeira coisa que brota em sua cabeça, provavelmente está deixando opções melhores por descobrir.

Na semana seguinte, pedi a todos que apresentassem pelo menos três esboços diferentes do que quer que estivessem esboçando. Na certeza de que essa era uma maneira brilhante de estimular mais criatividade, aguardei ansiosamente a próxima sessão de avaliação.

O primeiro *designer* a se apresentar mostrou à sala o esboço de um novo recurso que estávamos prestes a lançar. "Aqui está o que eu criei", disse ele. Era um gráfico ao lado de um texto, com um botão azul para obter mais informação. Sim, concordamos: era um *design* sólido. "Tenho aqui algumas variações também, pois foram solicitadas três opções." Mostrou então mais algumas imagens, onde mudava o posicionamento do texto e do gráfico, bem como a cor do botão. Cada versão era claramente pior que a original. "Por que estamos considerando um botão laranja aqui, quando todos os outros botões de nosso site são azuis?", perguntou alguém. "Não faz nenhum sentido."

No decorrer da sessão, ficou claro que minha regra de "mostrar três esboços" também não fazia sentido. Enquanto algumas pessoas chegavam a uma gama mais ampla de ideias interessantes, outras apenas modificavam uma única ideia apenas por modificar, e não por achar novas e boas opções. Aquilo dera trabalho e desperdiçara o tempo de todos.

Ouvi histórias de maus incentivos em outras áreas. Um exemplo bem conhecido em engenharia é rastrear linhas de código e recompensar engenheiros que escrevam mais. Isso pode parecer lógico à primeira vista – *encoraja todos a trabalhar duro e escrever programas com rapidez!* –, mas, na prática, o que se consegue são códigos inflados, copiados e colados, e não funções claras e elegantes. O equivalente em livros é pagar o autor por palavra, o que faria sentido se romances mais longos sempre fossem uma leitura melhor. Hemingway está aí para provar o contrário.

Hoje em dia, desconfio de regras de incentivo aparentemente simples que prometem resultados magníficos. Na verdade, quase nunca são simples e ainda provocam danos colaterais. Usualmente, a melhor opção é ter uma conversa franca sobre o que nós deveríamos valorizar e *por quê*. Por que examinar vários *designs* no começo? Por que acelerar a velocidade da engenharia? Quando as pessoas entendem esses valores, decidem melhor como aplicá-los.

Aqui estão algumas armadilhas comuns de incentivo a serem evitadas:

Premiar o desempenho individual acima de qualquer outra coisa. Imagine uma equipe de trabalho que ouve: "Nada é mais importante do que atingir sua cota pessoal". Um membro dessa equipe tem a opção de prejudicar seu colega no acordo, o que é fácil, ou tentar conseguir um novo acordo, o que é mais difícil. Com base nesses incentivos, ele fará melhor se escolher a primeira opção.

Recompensar ganhos de curto prazo em vez de investimentos de longo prazo. Imagine uma equipe de engenharia cujos bônus são determinados a cada seis meses com base na quantidade de novos atributos que eles lançaram. O gerente precisa decidir entre trabalhar em vários atributos de menor impacto ou abordar o atributo mais solicitado pelo cliente, este que levará um ano para ser feito. Os incentivos sugerem que ele deve optar pelos atributos de menor impacto.

Recompensar a ausência de problemas ou conflitos. Imagine um gerente que fala constantemente sobre como é feliz ao ver todos em sua equipe se darem bem. Sempre que alguém lhe apresenta um problema, ele o descarta como "insignificante" ou expressa insatisfação com a simples existência do problema. Com o tempo, a equipe aprende a esconder dele seus conflitos. Enquanto isso, o ressentimento e o comportamento passivo-agressivo aumentam.

Premiar quem mais pressiona. Imagine um gerente cujo subordinado faça entrevista em outra empresa e receba uma oferta melhor. O subordinado diz que sairá, a menos que receba um salário igual. O gerente concorda. A história se espalha e, de repente, todos os outros membros da equipe se sentem motivados a fazer entrevistas em outros lugares.

A maneira de identificar e desativar as armadilhas de incentivo consiste em refletir regularmente sobre qual é a diferença entre os valores que você preceitua e como as pessoas estão realmente se comportando em sua equipe. O que os leva a tomar certas decisões? Se você não está totalmente seguro sobre a resposta, pergunte: *Por que você preferiu criar estes cinco atributos em vez daquele que os clientes estão pedindo?* Se você descobrir que o problema é essencialmente estrutural, faça alterações nos seus incentivos para que os comportamentos corretos sejam recompensados.

Se o problema não for estrutural, mas alguém fizer algo que não esteja de acordo com seus valores, ainda assim você deverá entrar em ação. Por exemplo, talvez você se preocupe muito em criar uma atmosfera de respeito dentro de sua equipe. Um dia, ouve alguém gritando rudemente com um colega. Se não fizer nada, corre o risco de enviar a mensagem de que tolera esse tipo de comportamento. Ao contrário, procure suavizar a tensão do momento, pedindo ao agressor que se acalme ou levando-o para fora da sala. Mais tarde, em particular, diga a ele que o que fez é inaceitável.

Quando um subordinado fizer algo difícil, mas que *corresponde* ao espírito dos valores da equipe – cancelar um contrato de vendas lucrativo por causa de preocupações éticas, despedir um bom funcionário que está criando um ambiente de trabalho tóxico ou admitir com honestidade que cometeu um erro –, cumprimente-o por isso. Reconheça que foi difícil e agradeça-o por fazer a coisa certa.

INVENTE TRADIÇÕES QUE EXALTEM SEUS VALORES

Não muito depois de eu começar a trabalhar no Facebook, decidi me juntar a um grupo de engenheiros para o almoço. Ao me aproximar, vi que estavam no meio de um acirrado debate. Um deles sugerira um novo recurso que, tinha certeza, mudaria o mundo. Os outros não estavam tão convencidos. "Eu não me imagino usando isso nem em um milhão de anos", disse alguém. Virou-se para mim quando me sentei. "O que você acha, Julie?"

Meia dúzia de cabeças se voltaram em minha direção. "Humm..." Tomei uma colherada de sopa, tentando descobrir como me livrar, com desenvoltura, da obrigação de dar o voto decisivo em um tópico que praticamente ignorava.

Por sorte, alguém se meteu: "Bem, por que você não cria esse recurso e vamos ver no que dá?". "Sim!", bradou outra voz. "Faça isso na próxima *hackathon*!"

Eu aprendi então que um *hackathons*, ou maratona de programação, era uma tradição da empresa. Tinha por objetivo dedicar algumas horas à criação de um protótipo proveniente de uma ideia com a qual você estivesse entusiasmado. Sozinho ou com alguns outros, você era incentivado a elaborar o que achava bom para a empresa. Os *hackathons* ficaram conhecidos por sua energia exuberante e, muitas vezes, varavam a noite, até que a pessoa pudesse mostrar aos colegas uma versão completa e funcional do que tinha na cabeça.

Os *hackathons* resultaram em alguns produtos conhecidos e bem-sucedidos – bate-papo e vídeo, entre outros. Porém, mais do que isso, foram uma maneira divertida de reunir pessoas e criar os valores concretos mais antigos do Facebook: "Seja ousado" e "Seja ágil".

Há poder nos rituais. Além de *slogans* ou discursos, eles criam ações em torno das quais os membros da equipe se unem. E podem ser tão únicos, peculiares e divertidos quanto sua equipe.

Adoro aprender sobre as diferentes tradições que as equipes cultivam para celebrar seus valores. Aqui estão alguns exemplos:

- "Informe pessoal" (como "O filme favorito da sua infância" ou "O melhor presente que você já recebeu no Natal") no início de uma reunião, para que as pessoas possam conhecer melhor os colegas de equipe.
- Noites, todo mês, com o tema "Aprenda a pintar/esculpir/construir", para incentivar a criatividade e a mentalidade do iniciante.
- Um gigantesco ursinho de pelúcia "Amor ao cliente", concedido à pessoa que se desdobrou para ajudar um cliente no mês anterior.
- Uma cerimônia anual de premiação no estilo Oscar, para que as pessoas possam reconhecer todas as maneiras com que seus colegas de trabalho se destacam.
- Yoga nas manhãs de segunda-feira, para desenvolver a capacidade de atenção.
- "Ponto baixo da semana", em que as pessoas compartilham seus erros em um fórum seguro, para encorajar a autenticidade e o aprendizado.

Uma das coisas que Mark Zuckerberg continua fazendo é manter uma sessão interna de perguntas e respostas nas tardes de sexta-feira, na qual qualquer pessoa da empresa pode lhe fazer qualquer pergunta e obter uma resposta honesta. As perguntas podem ser sobre a direção futura do Facebook, as recentes decisões tomadas por Mark, a política da empresa ou até as opiniões pessoais de Mark sobre as últimas notícias. Algumas podem ser extremamente diretas – por exemplo, "X parece ser uma péssima ideia; por que estamos insistindo nela?".

Em uma organização tão grande quanto o Facebook, o tempo do CEO é muito solicitado. E Mark aparece na frente da empresa toda semana, falando sobre qualquer assunto que as pessoas levantarem. Por quê? Porque um dos maiores valores do Facebook é a transparência. Se ele não der o exemplo, por que mais alguém deveria acreditar que isso é importante?

Como líder, promover a cultura pode não ser a primeira coisa em sua mente. Você talvez esteja sonhando com as mudanças que deseja realizar no mundo ou esboçando a grande estratégia que o levará até lá. Mas sucesso ou fracasso não costumam ser resultado de decisões radicais. Ao contrário, você só vai longe graças à soma de milhões de ações empreendidas por sua equipe durante os breves momentos do cotidiano. Como as pessoas se tratam? Como vocês resolvem problemas juntos? O que você está disposto a deixar de fazer para não trair seus valores?

Preste atenção às próprias ações – às pequenas coisas que diz e faz –, bem como às condutas que recompensa ou desencoraja. Tudo isso funciona em conjunto para contar a história daquilo que desperta seu interesse e sua ideia sobre como uma grande equipe deve trabalhar em harmonia.

Epílogo

Você Completou 1% da Jornada

MITO

REALIDADE

Quando relembro minha trajetória de carreira como gerente até os dias de hoje, sinto-me como se tivesse sido uma criança tentando traçar uma linha reta – repleta de rabiscos, desvios e meandros equivocados. Muitas vezes, olhando para trás, estremeço ao recordar como lidava com as coisas e sinto em minha boca o gosto onipresente da inexperiência e da expectativa, da confusão e da ambição.

Houve conversas até tarde da noite sobre assuntos incrivelmente triviais, minha pressão arterial disparando enquanto as palavras piscavam na tela, mais curtas e mais nítidas a cada saraivada. Houve conversas 1:1 em que nenhum de nós ouvia o outro, com uma muralha de gelo estilo *Game of Thrones* entre nós. Houve reuniões das quais me retirei mal-humorada porque pensava estar certa e todo mundo errado. Vi pessoas chorando na minha frente enquanto eu gaguejava igual a um robô com defeito. Houve meses em que não conseguia encarar meu próprio gerente sem chorar.

Em muitas ocasiões, não me senti experiente o bastante, perspicaz o bastante, solidária o bastante, determinada o bastante ou paciente o bastante. Como resultado, os projetos fracassavam. Mal-entendidos se sucediam. E as pessoas com quem eu me importava se afastavam decepcionadas.

Mas tive sorte. Aprendi a gerenciar em um dos ambientes mais dinâmicos do mundo, sob algumas das melhores lideranças de nossa época. Meus gerentes acreditavam em mim. Meus colegas me mostravam o que fazer para melhorar. E minha equipe me inspirava.

Se você andar pelo escritório do Facebook, verá que não há paredes brancas e nuas. Os tetos são abertos e sem acabamento, expondo tubos e feixes de fios. Nosso espaço é preenchido com arte e artefatos de nossa cultura. Não faltam folhetos sobre os próximos *hackahtons*, imagens dos mais novos centros de dados e lembretes de "Seja ousado" e "Nada no Facebook é problema dos outros". Meu favorito é um cartaz com grandes letras maiúsculas cor de laranja. Tenho uma versão menor em minha mesa de casa. Diz: "Você completou 1% da jornada".

Daqui a dez anos, sei que vou olhar para trás e perceber que o caminho que sigo hoje ainda é tortuoso. Há muito que aprender e estou longe da gerente que gostaria de ser. Mas, com o tempo, a vontade e uma mentalidade de evolução, as lições à minha frente serão aprendidas.

Recentemente, estava tendo uma conversa 1:1 com uma nova gerente. Falávamos sobre algumas observações feitas por ela semanas atrás – os desafios de ingressar em um novo ambiente, as diferenças entre ele e seu último emprego, as oportunidades de realizar um trabalho significativo. Então, ela me fez um dos melhores elogios que já recebi: "Você montou uma ótima equipe e eu estou feliz por fazer parte dela".

Dá gosto ver um grupo de pessoas trabalhando em harmonia, quando não há você ou eu, este ou aquele. Ao contrário, você sente a energia de dezenas, centenas ou até milhares de corações e mentes direcionados a um objetivo comum, guiando-se pelos mesmos valores. Se você ou eu fizermos bem nosso trabalho, nossas equipes prosperarão. Construiremos algo que sobreviverá a nós, que será fortalecido por todos aqueles que se tornam parte dessa empreitada.

Boa sorte na caminhada de vocês. Avancem com sua equipe e realizem algo maravilhoso juntos.

Agradecimentos

Toda grande jornada é um esforço de equipe, e este livro não é exceção. Se não fosse por Stephanie Frerich e Leah Trouwborst, com as sementes que lançaram desde aquele primeiro telefonema, nada disso teria acontecido. Obrigada por sua exuberância desde o primeiro dia, e por deixar claro para mim sobre qual tema devia escrever e por que era preciso fazê-lo agora (e não em vinte anos). Suas vozes ajudaram a minha própria a ecoar, e seu apoio inabalável me levou adiante.

Sou grata a Lisa DiMona por me ajudar a navegar pelas águas límpidas de uma autora iniciante. Anos antes de nos conhecermos, a Writers House era minha agência dos sonhos e você foi o melhor patrono que alguém poderia querer.

Dan McGinn – suas habilidades de edição, seu profundo conhecimento de pesquisa e seus conselhos sobre redação foram valiosíssimos para mim; eu me tornei uma gerente melhor trabalhando com você e aprendendo com suas ideias. Obrigada por sempre checar tudo, mesmo que fosse na última hora.

Pablo Stanley – adorei seus quadrinhos tão peculiares por anos e estou muito feliz por termos trabalhado juntos neste projeto. Graças a você, uma girafa agora aparece na minha cabeça sempre que penso em "gerentes" comuns. Kimberly Glyder, obrigada por esta incrível capa, feita sob um maravilhoso estado de graça (e forte pressão!).

Às minhas queridas amigas e primeiros leitores: Lauren Luk, obrigada por me aconselhar a superar meu jargão técnico, e por nossos intervalos de dança na Índia. Anjali Khurana, obrigada pelas anotações generosas (acompanhadas de seus generosos assados). Todas as referências à cultura *pop* foram escritas com você em mente. Marie Lu, tenho certeza de que não seria escritora *nem designer* se não fosse por nossa amizade e nossas aventuras de infância. Sou grata por seus conselhos sobre títulos, negócios e abandono de frases que ainda me parecem estranhas.

Feedbacks, sejam eles negativos ou positivos, são um presente, e sou incrivelmente grata a todos os que os forneceram com generosidade nos rascunhos anteriores deste livro: Charlie Sutton, suas observações inteligentes e seu grande entusiasmo não serão esquecidos por muito tempo; Matt Kelly, adorei suas observações sobre as reuniões e os gentis lembretes sobre aquilo que eu não deveria me esquecer; Jason Leimgruber, seu nível de dedicação e de detalhe me surpreendeu, e aceitei o desafio de corresponder aos seus *feedbacks*; Anita Patwardhan Butler, você me ajudou a entender alguns conceitos extremamente importantes; Moneta Ho Kushner, o livro ficou mais nítido e preciso por sua causa; Mary-Lynne Williams, nós duas odiamos aquelas linhas rebuscadas, então obrigada por sugerir uma maneira melhor de dizer as coisas; Tutti Taygerly, fico feliz por você ter me ajudado a perceber que *expectacional* era uma palavra que não existia; Chelsea Klukas, obrigada por suas perguntas incisivas; Kaisha Hom, suas mensagens salvaram minha noite enquanto eu corrigia o texto com olhos turvos. Will Ruben e Callie Schweitzer, suas sugestões de última hora vieram a calhar.

Aos meus colegas do Facebook, do passado e do presente: uma empresa é a soma de seu pessoal, e o maior privilégio de meus últimos doze anos tem sido trabalhar ao lado de vocês. Sou especialmente grata às pessoas que me deram a oportunidade de fazer o que faço: Wayne Chang – suas histórias sobre o grupo estreitamente unido da University Ave., que fazia e sonhava grande, sabendo também como se divertir, eram impagáveis. Obrigada por ser um recrutador incrível e um amigo ainda melhor. Rebekah Cox, obrigada por confiar em uma jovem *designer* sem experiência e por manter o terreno firme o suficiente para eu aprender a permanecer de pé. Kate Aronowitz, você me ensinou muito, mas, sobretudo, que *design* e gestão se resumem a pessoas. Chris Cox, obrigada por instilar uma profunda humanidade em tudo o que você faz e por me ajudar a perceber repetidas vezes que o patamar sempre pode ser elevado. Will Cathcart, você tem o dom de aproximar as pessoas, esclarecer o que importa e fazer tudo com humor e humildade.

Também quero agradecer aos meus amigos e colegas com quem trabalhei mais de perto ao longo dos anos e com quem aprendi muito: Tom Alison, Kang-Xin Jin, Fidji Simo, Adam Mosseri, Chandra Narayanan, Ronan Bradley, Annette Reavis, Deborah Liu, Jennifer Dulski, John Hegeman, Rushabh Doshi e David Ginsberg; continuo admirando seus superpoderes e orgulhosa de fazer parte de sua equipe. Stacy McCarthy, obrigada por me ajudar a encontrar meu centro. Robyn Morris, Drew Hamlin, Margaret Stewart, Luke Woods, Jessica Watson, Austin Bales, John Evans, Joey Flynn, Francis Luu, Geoff Teehan, Amanda Linden, Jon Lax, David Gillis, Alex Cornell, Caitlin Winner, Nathan Borror, Laura Javier, Nan Gao, Aaron Sittig, Brandon Walkin, Mike Matas, Sharon Matas, Christopher Clare e Dantley Davis – sou uma gerente e *designer* melhor por causa de vocês. Andrew Bosworth, Alex Schultz, Mark Rabkin, Naomi Gleit, Caryn Marooney, Javier Olivan, Ami Vora, Kevin Systrom, Mike Krieger e Mike Schroepfer – obrigada por suas conversas, anotações e lições que me esclareceram o que é uma liderança forte. Sheryl Sandberg, obrigada por me mostrar como liderar com energia, dedicação e autenticidade a toda prova. Mark Zuckerberg, obrigada por me ensinar a sonhar mais alto, questionar todas as hipóteses e olhar muito, *muito* à frente.

Para minha equipe, do passado e do presente: vocês são meus maiores professores. Vocês pintam a visão e costuram os fios da qualidade. Todos os dias, sou inspirada pelos milhares e milhares de detalhes que vocês elaboram em nome da criação de uma maravilhosa experiência de usuário para aproximar as pessoas.

E, enfim, para minha família: Mike, obrigada por ser meu ser humano favorito e por visitar dezenas de novos parquinhos (e festivais irlandeses!) com nossos filhos nos finais de semana quando eu precisava de um tempo sozinha com este manuscrito; pai, obrigada por me transmitir seu amor pelos livros e por ter orgulho de mim por tudo o que já escrevi, mesmo as terríveis redações da terceira série; mãe, eu amo pessoas porque você as ama. Obrigada por encaixar suas importantes lições de empatia nas histórias da família que me contava todos os sábados após o almoço. E, para terminar, um enorme agradecimento aos meus filhos, que aguentaram sem se queixar o "tempo de mamãe no computador". Eu os amo demais e espero que achem este livro útil algum dia.

Notas

CAPÍTULO UM: O QUE É GESTÃO?

30 **"o rendimento da unidade de trabalho"**: Andrew S. Grove, *High Ouput Management* (Nova York: Vintage Books, 2015), p. 17.

32 **"Minha pesquisa mostrou, com dados consistentes, que as equipes têm rendimento aquém do ideal"**: Diane Coutu, "Why Teams Don't Work", *Harvard Business Review*, maio de 2009, https://hbr.org/2009/05/why-teams-dont-work.

32 **A pesquisa de Hackman apontou cinco condições**: J. Richard Hackman, *Leading Teams: Setting the Stage for Great Performances* (Boston: Harvard Business School, 2002), p. ix.

39 **hoje conhecida como hierarquia das necessidades de Maslow**: A. H. Maslow, "A Theory of Human Motivation", *Psychological Review* 50, nº 4 (1943): 370-96.

44 **muitos outros gerentes**: John Rampton, "23 of the Most Amazingly Successful Introverts in History," *Inc.*, 20 de julho de 2015, https://www.inc.com/john-rampton/23-amazingly-successful-introverts-throughout-history.html.

49 **"O bom líder é aquele que"**: Simon Sinek, *Leaders Eat Last* (Nova York: Portfolio, 2017), p. 83.

CAPÍTULO TRÊS: GESTÃO DE UMA PEQUENA EQUIPE

78 **Ele reflete sobre a questão e pergunta**: Grove, *High Output Management*, p. 157.

80 **"Se você não acreditar nas pessoas"**: Anton Chekhov, *The Greatest Works of Anton Chekhov* (Praga: e-artnow ebooks, 2015).

82 **um pouco constrangedoras**: Ver também Mark Rabkin, "The Art of the Awkward 1:1", *Medium*, 1º de novembro de 2016, acesso em 9 de março de 2018, https://medium.com/@mrabkin/the-art-of-the-awkward-1-1-f4e1dcb-d1c5c.

93 **"A vulnerabilidade é como a verdade"**: Brené Brown, *Daring Greatly: How the Courage to Be Vulnerable*

Transforms the Way We Live, Love, Parent, and Lead (Nova York: Penguin Randon House, 2015), p. 37.

96 **"Há uma qualidade"**: Marcus Buckingham, "What Great Managers Do", *Harvard Busness Review*, março de 2005, https://hbr.org/2005/03/what-great-managers--do.

97 **Ele descreve o babaca**: Robert I. Sutton, *The No Asshole Rule: Building a Civilized Workplace and Surviving One That Isn't* (Nova York: Business Plus, 2010), p. 9.

104 **"Para mim, é uma violência e uma 'falsa bondade'"**: Jack Welch, *Jack: Straight from the Gut* (Nova York: Warner Brooks, 2001), p. 161-62.

105 **"Por acaso estamos atirando?"**: Vivian Giang, "Why We Need to Stop Thinking of Getting Fired as a Bad Thing", *Fast Company*, 16 de março de 2016, https://www.fast-company.com/3057796/why-we-need-to-stop-thinking--of-getting-fired-as-a-bad-thing.

CAPÍTULO QUATRO: A ARTE DO *FEEDBACK*

127 **"a frequência cardíaca e a pressão sanguínea"**: Harvard Business Review, *HBR Guide to Delivering Effective Feedback* (Boston: Harvard Business Review Press, 2016), p. 11.

137 **"É muito difícil dizer às pessoas"**: Kim Scott, *Radical Candor: Be a Kick-Ass Boss without Losing Your Humanity* (Nova York: St. Martin's Press, 2017), p. xi.

CAPÍTULO CINCO: GERENCIE-SE

146 **"Pergunte a qualquer gerente novo sobre os primeiros dias"**: Linda A. Hill, "Becoming the Boss", *Harvard Business Review*, janeiro de 2007, https://hbr.org/2007/01/becoming-the-boss.

151 *o efeito Dunning-Kruger*: Justin Kruger e David Dunning, "Unskilled and Unaware of It: How Difficulties in Recognizing One's Own Incompetence Lead to Inflated Self-Assessments", *Journal of Personality and Social Psychology*, American Psychological Association 77 (6): 1121-34.

155 **Na destacada obra *Mindset***: Carol Dweck, *Mindset: The New Psychology of Success* (Nova York: Random House, 2006).

167 **um grupo de jogadores de basquete**: Alan Richardson, "Mental Practice: A Review and Discussion Part I," *Research Quarterly*, American Association for Health, Physical Education and Recreation 38, nº 1 (1967).

167 **que se imaginava treinando**: Guang H. Yue e Kelly J. Cole, "Strength Increases from the Motor Program: Comparison of Training with Maximal Voluntary and Imagined Muscle," *Journal of Neurophysiology* 67, nº 5 (1992): 1114-23.

167 **"Nunca acertei uma tacada"**: Jack Nicklaus e Ken Bowden, *Golf My Way: The Instructional Classic, Revised and Updated* (Londres: Simon & Schuster, 2005), p. 79.

168 **Reese Witherspoon confessando**: Reese Witherspoon, "Reese Witherspoon Shares Her Lean In Story," Lean In, acesso em 12 de março de 2018, https://leanin.org/stories/reese-witherspoon.

170 **relataram que passaram a conviver melhor**: Linda Farris Kurtz, "Mutual Aid for Affective Disorders: The Manic Depressive and Depressive Association," *American Journal of Orthopsychiatry* 58, nº 1 (1988): 152-55.

172 **anotar todas as noites cinco coisas**: Robert A. Emmons, *Thanks! How Practicing Gratitude Can Make You Happier* (Boston: Houghton Mifflin, 2008), p. 27-35.

173 **o estresse no trabalho**: Reg Talbot, Cary Cooper e Steve Barrow, "Creativity and Stress", *Creativity and Innovation Management* 1, nº 4 (1992): 183-93.

173 **"quando se sentem"**: Karen Weintraub, "How Creativity Can Help Reduce Stress", *Boston Globe*, 24 de abril de 2014, https://www.bostonglobe.com/lifestyle/health-wellness/2015/04/24/how-creativity-can-help-reduce-stress/iEJta3lapaaFxZY6wfv5UK/story.html.

180 **associamos experiências a reflexões periódicas**: Giada Di Stefano, Francesca Gino, Gary P. Pisano e Bradley R. Staats, "Making Experience Count: The Role of Reflection in Individual Learning", Harvard Business School NOM Unit Working Paper nº 14-093; Harvard Business School Technology & Operations Mgt. Unit Working Paper nº

14-093; HEC Paris Research Paper n⁰ SPE-2016-1181, 14 de junho de 2016.

CAPÍTULO SEIS: REUNIÕES INCRÍVEIS

189 **altos executivos gastam**: Oriana Bandiera, Luigi Guiso, Andrea Prat e Raffaella Sadun, "What Do CEOs Do?", N° 11-081, Harvard Business School Working Paper, 25 de fevereiro de 2011, https://hbswk.hbs.edu/item/what--do-ceos-do.

189 **uma única reunião de executivos**: Michael Mankins, "This Weekly Meeting Took Up 300,000 Hours a Year", *Harvard Business Review*, 29 de abril de 2014, https://hbr.org/2014/04/how-a-weekly-meeting-took-up--300000-hours-a-year.

189 **"Todas as famílias felizes são parecidas entre si"**: Leon Tolstói, *Ana Karenina* (Nova York: Random House, 2000).

193 **"discordar e se comprometer"**: Jeff Bezos, "2016 Letter to Shareholders", *About Amazon (blog)*, Amazon.com, 17 de abril de 2017, https://www.amazon.com/p/feature/z6o9g6sysxur57t.

197 **o que lhes vem à cabeça não é, na verdade, um processo eficaz**: Tomas Chamorro-Premuzic, "Why Group Brainstorming Is a Waste of Time", *Harvard Business Review*, 25 de março de 2015, https://hbr.org/2015/03/why-group-brainstorming-is-a-waste-of-time.

211 **71% consideravam suas reuniões**: Leslie A. Perlow, Constance Noonan Hadley e Eunice Eun, "Stop the Meetings Madness", *Harvard Business Review*, julho/agosto de 2017, https://hbr.org/2017/07/stop-the-meeting--madness.

211 **"ser um gatilho para a exaustão"**: Nale Lehmann--Willenbrock, Steven G. Rogelberg, Joseph A. Allen e John E. Kello, "The Critical Importance of Meetings to Leader and Organizational Success: Evidence-Based Insights and Implications for Key Stakeholders", *Organizational Dynamics* 47, nº 1 (2017): 32-6.

CAPÍTULO SETE: BOAS CONTRATAÇÕES

223 **"pessoas podiam usar os lados direito e esquerdo do cérebro"**: Patty McCord, "How to Hire", *Harvard Business Review*, janeiro/fevereiro de 2018, https://hbr.org/2018/01/how-to-hire.

225 **"absolutamente aleatório"**: Adam Bryant, "In Head--Hunting, Big Data May Not Be Such a Big Deal", *The New York Times*, 19 de junho de 2013.

226 **quando as orquestras sinfônicas norte-americanas implementaram**: Claudia Goldin e Cecilia Rouse, "Orchestrating Impartiality: The Impact of 'Blind' Auditions on Female Musicians", *American Economic Review* 90, nº 4 (2000): 715-41.

226 **Google"**: Bryant, "Head-Hunting."

228 **"dando pouca atenção à verificação de referências"**: Kevin Ryan, "Gilt Groupe's CEO on Building a Team of A Players," *Harvard Business Review*, janeiro de 2012, https://hbr.org/2012/01/gilt-groupes-ceo-on-building-a-team-of-a-players.

234 **ganhos financeiros superiores à média**: Vivian Hunt, Dennis Layton e Sara Prince, "Diversity Matters", McKinsey & Company, 2 de fevereiro de 2015, https://assets.mckinsey.com/~/media/857f440109AA4D13A-54D9C496D86ED58.ashx.

234 **uma mulher na diretoria**: Credit Suisse Research Institute, *Gender Diversity and Corporate Performance*, 2012.

235 **equipes com alguém "de fora"**: Katherine W. Phillips, Katie A. Liljenquist e Margaret A. Neale, "Is the Pain Worth the Gain? The Advantages and Liabilities of Agreeing with Socially Distinct Newcomers", *Personality and Social Psychology Bulletin* 35, nº 3 (2009): 336-50.

246 **"deixando cair os LEGOs da mão"**: "Give Away Your Legos' and Other Commandments for Scaling Startups," *First Round Review*, http://firstround.com/review/give-away-your-legos-and-other-commandments-for-scaling-startups.

CAPÍTULO OITO: FAZENDO AS COISAS ACONTECEREM

253 **Hoover nunca disse isso**: Paul Dickson, *Words from the White House: Words and Phrases Coined or Popularized*

by America's Presidents (Nova York: Walker & Company, 2013), p. 43.

255 **"Planos são inúteis"**: William M. Blair, "President Draws Planning Moral: Recalls Army Days to Show Value of Preparedness in Time of Crisis," *The New York Times*, 15 de novembro de 1957, https://www.nytimes.com/1957/11/15/archives/president-draws-planning-moral-recalls-army--days-to-show-value-of.html.

258 **"Poucas pessoas levam os objetivos"**: Richard Koch, *The 80/20 Principle: The Secret to Achieving More with Less* (Nova York: Currency, 1998), p. 145.

260 **"Algumas pessoas acham que foco significa"**: "America's Most Admired Companies: Steve Jobs Speaks Out", *Fortune*, 7 de março de 2008, http://archive.fortune.com/galleries/2008/fortune/0803/gallery.jobsqna.fortune/6.html.

262 **"O trabalho se expande de modo a"**: Cyril Northcote Parkinson, "Parkinson's Law", *Economist*, 19 de novembro de 1955, https://www.economist.com/news/1955/11/19/parkinsons-law.

264 **a falácia do planejamento**: Daniel Kahneman e Amos Tversky, "Intuitive Prediction: Biases and Corrective Procedures", *TIMS Studies in Management Science* 12 (1979): 313-27.

265 **"Ajuste os contratos de trabalho"**: Mark Horstman e Michael Auzenne, "Horstman's Law of Project Mana-

gement", Manager Tools, acessado em 18 de março de 2018, https://www.manager-tools.com/2009/01/horstman's-law-project-management-part-1-hall-fame-guidance.

267 **"A maioria das decisões deve ser tomada"**: Bezos, "2016 Letter to Shareholders".

270 **"se não souber para onde está indo"**: Matt Bonesteel, "The Best Things Yogi Berra Ever Said", *The Washington Post*, 24 de setembro de 2015, https://www.washingtonpost.com/news/early-lead/wp/2015/09/23/the-best-things-yogi-berra-ever-said.

273 **"Seja a empresa mais centrada no cliente da Terra"**: Patrick Hull, "Be Visionary. Thing Big.", *Forbes*, 19 de dezembro de 2012, acesso em 18 de março de 2018, https://www.forbes.com/sites/patrickhull/2012/12/19be-visionary-think-big/#ee5d8723c175.

273 **"respeitada empresa de automóveis da América"**: "What Are Toyota's Mission and Vision Statements?", FAQs: Frequently Asked Questions for All Things Toyota, Toyota, acesso em 18 de março de 2018, http://toyota.custhelp.com/app/answers/details/a_id/7654/~/what-are-toyotas-mission-and-vision-statements%3F.

274 **"Praticamente o restante do mundo ia querer vender"**: Mark Zuckerberg, "Mark Zuckerberg's Commencement Address at Harvard", Address, Harvard 366th Commencement Address, Cambridge, MA, 25 de maio de

2017, https://news.harvard.edu/gazette/story/2017/05/mark-zuckerbergs-speech-as-written-for-harvards-class--of-2017.

280 **"Nenhum homem pode banhar-se"**: Heráclito, *Fragments*, trad. Brooks Haxton (Nova York: Penguin Classics, 2003).

CAPÍTULO NOVE: COMO LIDERAR UMA EQUIPE EM CRESCIMENTO

297-298 **"Nós controlamos o mundo"**: Yuval Noah Harari, entrevista com Arun Rath, *All Things Considered*, 7 de fevereiro de 2015, https://www.npr.org/2015/02/07/383276672/from-hunter-gatherers-to-space-explorers-a-70-000-year--story.

301 **"O subordinado fez um trabalho ruim"**: Grove, *High Output Management*, 177.

Impresso por :

gráfica e editora

Tel.:11 2769-9056